Jochen Reiss

111 Orte
am Nord-Ostsee-Kanal,
die man gesehen
haben muss

111

W0073392

emons:

Bibliografische Information der Deutschen Nationalbibliothek
Die Deutsche Nationalbibliothek verzeichnet diese Publikation
in der Deutschen Nationalbibliografie; detaillierte bibliografische
Daten sind im Internet über http://dnb.d-nb.de abrufbar.

© Emons Verlag GmbH
Alle Rechte vorbehalten
© der Fotografien: Jochen Reiss
© Covermotiv: shutterstock.com/Ivonne Wierink
Layout: Eva Kraskes, nach einem Konzept
von Lübbeke | Naumann | Thoben
Kartografie: altancicek.design, www.altancicek.de
Kartenbasisinformationen aus Openstreetmap,
© OpenStreetMap-Mitwirkende, ODbL
Druck und Bindung: Hitzegrad Print Medien & Service –
Lensing Druck Gruppe, Feldbachacker 16, 44149 Dortmund
Printed in Germany 2017
ISBN 978-3-7408-0133-5
Originalausgabe

Unser Newsletter informiert Sie
regelmäßig über Neues von emons:
Kostenlos bestellen unter
www.emons-verlag.de

Vorwort

Traumschiffe, die Geschichten von anderen Ländern erzählen. Die Fernweh wecken. Ozeanriesen, welche Container, Autos, Windkraftanlagen schleppen. Nur wenige Meter vom Ufer entfernt schieben sie sich durch leuchtende Rapsfelder. Zum Greifen nah. Wir können sie riechen. Wir können sie spüren. Und nur so gerade eben passen sie unter den hochhaushohen Brücken durch. Der Nord-Ostsee-Kanal, über hundert Jahre altes Glanzstück der Ingenieurskunst, Technikwunder inmitten blühender Landschaft, beeindruckt die Menschen. Auch deshalb, weil er uns daran erinnert, dass die Welt und wir mit ihr nie stillstehen, dass immer alles in Bewegung ist.

98 Kilometer weit schlängelt sich der Kanal von der Elbmündung bei Brunsbüttel bis zur Kieler Förde. Durch den Kiel Canal, wie Seeleute ihn nennen, stampfen mehr Schiffe als durch den Sueskanal. Mehr als durch den Panamakanal. Der Nord-Ostsee-Kanal ist die meistbefahrene künstliche Wasserstraße der Welt. Sie windet sich durch fruchtbare Marschen mit stattlichen Herrenhäusern und vorbei an den Hügelketten der Hüttener Berge. In Brunsbüttel und Kiel-Holtenau bestaunen Menschen die gewaltigen Schleusen und in Rendsburg das Technikdenkmal der Eisenbahnhochbrücke.

Aber von West nach Ost und links und rechts vom Kanal gibt es so viel mehr. Wir haben 111 spannende und faszinierende Orte besucht, die auch Sie kennenlernen sollten. Haben Sie schon einmal im Garten des Lebens philosophiert? Wissen Sie, wo Adolf Hitler U-Boote verstecken wollte? In welcher Kirche man oben ohne um Spenden warb? Wo Fallschirmspringer ertranken, weil sie den Kanal für eine Autobahn hielten? Auf welcher Barockorgel am Kanal Kanzler Helmut Schmidt so gerne spielte? Der Nord-Ostsee-Kanal ist viel mehr als die Wasserstraße der Sinne und der Rekorde. Unbekanntes und Geheimnisvolles gibt es zu entdecken.

111 Orte

1__Der alte Speicher

Muskelmänner schleppten hier Getreidesäcke

Eine Blesshuhnfamilie schwimmt zwischen Wasserminze und Kresse den Schilfgürtel entlang. Knorrige Erlen säumen das Ufer, Libellen tanzen. Wer lange genug hinschaut, kann vielleicht eine Ringelnatter entdecken, die sich züngelnd durchs dunkle Wasser schlängelt. Wie ein verwunschener Weiher mutet das Gewässer an. Kaum vorstellbar, dass noch in der zweiten Hälfte des vergangenen Jahrhunderts hier Lastkähne gewendet und festgemacht haben.

Aber der alte Speicher erzählt davon. Über fünf Ebenen in sattem Rot, einer Holzpagode ähnlich, dominiert er das Ensemble. Um 1930 wurde er gebaut. Seine neuen Besitzer haben ihn sorgsam restauriert. Heute kann man hier Ferienwohnungen mieten, Kanus und Flöße. Früher haben Muskelpakete Getreidesäcke, welche die Bauern angeliefert hatten, aus dem Speicher geschleppt und sie auf die Kähne verladen. Kiel und Hamburg waren die Ziele. Der Achterwehrer Schifffahrtskanal verband die Eider mit dem Nord-Ostsee-Kanal. Den Höhenunterschied überwand die Schleuse Strohbrück, in die Schiffe bis 40 Meter Länge passten. Aber der Strukturwandel im Transportwesen hat den Verbindungsweg und den Kornspeicher überflüssig gemacht. 2001 hat man die Schleuse stillgelegt. Eine Sanierung wäre zu teuer gewesen.

Wer vom Kornspeicher aus im Kanu oder Kajak nach rechts paddelt, kann Strohbrück in weniger als einer Stunde erreichen. Das zum Nord-Ostsee-Kanal gewandte Schleusentor ist geöffnet. Das Tor landeinwärts ist geschlossen und sperrt den Achterwehrer Schifffahrtskanal ab. Sein Wasserspiegel liegt einige Meter höher als der in der Schleusenkammer. Damit nichts passiert, hat man diese mit einem hohen Zaun umstellt. Paddelt man vom Speicher aus nach links, gelangt man in die Obere Eider, die sich sanft durch Wiesen und vorbei an Gärten windet. Bald ist der Westensee (siehe Ort 108) erreicht. Dort Abstand halten von den östlichen Uferzonen! Seeadler nisten hier.

Adresse Am Speicher 3, 24239 Achterwehr, Tel. 04340/8057 (Kanuverleih) | **Anfahrt** von der A 210 (Ausfahrt Achterwehr) auf der Kieler Straße nach Achterwehr, kurz nach dem Ortsschild links | **Öffnungszeiten** der Speicher ist Privatbesitz, Kanuverleih April – Okt. 9–19 Uhr | **Tipp** Gut Hohenschulen in Achterwehr (Hohenschulen 1) ist heute Versuchs-institut für Pflanzenbau und Pflanzenzüchtung der Kieler Christian-Albrechts-Universität.

2 Die Brahmkampsgärten
Weisheiten im Skulpturenpark

Marianne Ortner hat 22 Gartenzimmer eingerichtet. Themenzimmer, die sich am Leben orientieren. Den Garten der Liebe. Den Garten der Not, der Sorge und der Angst. Den Garten der Freude. Im Garten der Kindheit fällt der Blick hinter einem engen Tor, das die Geburt symbolisieren soll, auf die Marmorbüste eines kleinen Mädchens. Unschuld strahlt es aus. Der Weg führt an Dingen vorbei, die in der Kindheit wichtig waren. An einem Ball, an einem Hüpfspiel, an einem Märchenwald mit Schneewittchen und den sieben Zwergen.

Marianne Ortner hat Physik, Philosophie, Medizin studiert. Später arbeitet sie als Ärztin. In den Gesprächen mit Patienten erkennt sie deren »Bedürfnis nach philosophischen Gärten, die das Wesentliche des Lebens zum Ausdruck bringen«. Sie selbst ist Kriegskind. »Ich wollte nie wieder hungern müssen, ich wollte ein Stück Land.« Sie kann bei Albersdorf den alten Hof Brahmkamp kaufen. Wo früher eine Schuttkuhle war, plant sie ihren Park, den »Garten des Lebens«. Mit ein paar Hecken fängt sie an. Bis sie ihren Traum vom kleinen Paradies mit Charakter-Bäumen, Blumen, Steinen und Kunstwerken umgesetzt hat, dauert es Jahre. Vom Parkplatz führt eine lange Lindenallee in die Gärten. Ein junger Mann hilft Marianne Ortner im Kampf gegen das Unkraut.

Im Garten des Todes versinkt ein Grabstein im Boden. »Was nehmen wir von all unserem Reichtum mit?«, fragt Marianne Ortner. Die Reaktionen der Garten-Besucher sind für sie das Spannendste. Manchen kommen hier die Tränen. Im Garten der Trennung verlaufen zwei Reihen aus Sandsteinplatten nebeneinander. Plötzlich ändern sie die Richtung. Eine Verbindung ist am Ende nicht mehr möglich. Das Gartenzimmer des Friedens wird von einem Engel dominiert. Gegenüber fünf Steine von einem Friedhof. Ein Steinmetz hat Botschaften hineingemeißelt, die Voraussetzung für Frieden sind: Gerechtigkeit, Toleranz, Versöhnung, Abrüstung, Respekt.

Adresse Brahmkampsweg 1, 25767 Albersdorf, Tel. 0173/7370469 und 05251/24735 | **Anfahrt** von der A 23 (Ausfahrt Albersdorf / Meldorf) auf der B 431 Richtung Albersdorf, nach 700 Metern links | **Öffnungszeiten** Mai – Sept. So 11 – 17 Uhr | **Tipp** Der Paradiesgarten hat Appetit auf süße Wegzehrung gemacht? Die Himmelstorte im Hofcafé ist seine Spezialität.

3__Das Dorf der Steinzeit

Archäologie zum Anfassen

Wer heute bequem saunieren möchte, holt sich im Heimwerker-markt eine 1,50 mal 1,20 Meter große Holzschachtel mit Innen-beleuchtung zum Selberaufbauen, stellt sie ins Bad und schließt die Infrarotheizung an. Schwitzbuden hat es auch schon vor 5.000 Jahren gegeben. Allerdings war das Anheizen beschwerlicher. Vor ihrer Sauna, mit Reet gut isoliert, erhitzten die Steinzeitbauern große Steine im Feuer und rollten diese in eine Hütte. Neben der Körperpflege hatte diese auch eine soziale Funktion: Sie war Versammlungsraum. Schwitzende Männer berichteten von wilden Tieren und neuen Werkzeugen, die sie aus Holz und Stein gebastelt hatten. Zum Abkühlen diente ein Tümpel vor der Hütte.

Im rekonstruierten Steinzeitdorf, das in einen weitläufigen Park mit kolossalen Großsteingräbern integriert ist, kann man das nachempfinden. Die Anlage ist Archäologie zum Anfassen. Mit geräumigen Hütten und Speichern, aus Lehm und Holz gebaut und mit Baumrinde gedeckt. Wildes Getreide wächst auf den Feldern. Alte Haustierrassen, Highlandrinder, Konikpferde, Soayschafe, weiden im Gelände. In einem begehbaren Grabhügel kann sich der Besucher vertraut machen mit den Bestattungsriten der Menschen, die hier vor langer Zeit als Ackerbauern und Viehzüchter gesiedelt haben. Auch damals hat es schon Särge gegeben. Im sogenannten Gründergrab ruhte der Tote auf einer unterliegenden Steinpackung in ausgehöhlten Baumstämmen. Darüber wurde ein Hügel aus Soden angelegt, von kleineren Findlingen umrundet. Das Grab wurde lange genutzt, weitere Tote, später in Urnen, schob man hinein und häufte eine neue Schicht Erde darüber. Von Mal zu Mal wuchs der Hügel, bis er weithin sichtbar war.

Tierknochen am Opferplatz, kreisrund von Palisaden umstellt, und bemalte Tierschädel auf Pfählen vermitteln einen Eindruck von religiösen Ritualen. Wenn die Gottheiten angerufen wurden, soll gesungen worden sein – wie heute auch.

Adresse Süderstraße 47, 25767 Albersdorf, Tel. 04835/971097 | **Anfahrt** von der A 23 (Ausfahrt Albersdorf) Richtung Albersdorf, links in die Süderstraße, auf der rechten Seite | **Öffnungszeiten** Steinzeitdorf: Ende März–Okt. Di–So 11–17 Uhr, Steinzeitpark: ganzjährig | **Tipp** Vom Steinzeitdorf führt ein Fußweg zum Archäologischen Museum am Bahnhof (Tel. 04835/971974, Öffnungszeiten: Ende März–Anfang Nov. Mi–So 11–17 Uhr).

4_ Die Lisbeth ehrn Diek

Das Vermächtnis des Johannes Buhmann

Der Landstrich um Albersdorf ist Altmoränengebiet. Gletscher haben ein bewegtes Landschaftsrelief geformt. Man findet Hügel und Täler, weite Wiesen und Wälder. Dort sind die »Lisbeth ehrn Diek« versteckt. »Lisbeth« ist die niederdeutsche Kurzform des Vornamens Elisabeth. Für »Diek« gibt es zwei Übersetzungen, Deich oder Teich, in diesem Fall ist ein Weiher gemeint. Bleibt das »ehrn«, das meint »ihr«. Das Konstrukt ist eine plattdeutsche Eigenart, wörtlich heißt es auf Hochdeutsch »Lisbeth ihr Teich«. Sonst würde man sagen »Lisbeths Teich«.

Vor mehr als hundert Jahren erben die unverheirateten Geschwister Elisabeth und Johannes Buhmann vom Vater Jürgen Buhmann ein großes landwirtschaftliches Anwesen mit Äckern, Wiesen und Wäldern. Der Senior war auch Bauernfunktionär, »De Vullmacht« wurde er genannt. Elisabeth kümmert sich fortan um Haus und Hof, weist die Knechte bei der Feldarbeit an. Johannes wird nach dem Besuch der Gelehrtenschule in Meldorf Tierarzt, arbeitet dann als Polizeiveterinär in Hamburg. Als die Schwester stirbt, setzt er ein Testament auf. Vor allem die treuen Mitarbeiter auf dem Hof werden bedacht. Der Gemeinde vermacht er eine Waldparzelle mit Teichen. Mit der Auflage, dort für immer einen Naturschutzpark zu unterhalten. Er verfügt: »Dem vorgesehenen Park soll der Name ›Lisbeth ehrn Diek‹ zugelegt werden.« Johannes gründet außerdem eine Stiftung, die sich um mittellose alte Albersdorfer kümmern soll.

Man findet die Weiher, wenn man den Horstenmoorweg geradeaus geht und am Ende rechts in den Bredenhoopweg. Jetzt gleich links, das Gelände steigt hier an. Nach wenigen hundert Metern liegen in einer Senke zwei Teiche, grünbläulich schimmernd und von Bäumen umstanden. Die Gemeinde hat die Ufer in den vergangenen Jahren mit Pfählen und Astgeflecht neu befestigt, eine Schutzhütte aufgestellt und einen Steg gebaut. Am Nachmittag scheint die Sonne drauf.

Adresse Horstenmoorweg, 25767 Albersdorf | **Anfahrt** von der A 23 (Ausfahrt Albersdorf) Richtung Albersdorf, links in die Süderstraße, rechts in den Horstenmoorweg (Waldweg), Parkmöglichkeit am Rand | **Tipp** Nicht hoch in den Wald, sondern den Bredenhoopweg weiter geradeaus, kommt man zum Rundweg im Tal des Flüsschens Gieselau. Von einem Steilhang aus ist der Kanal zu sehen.

5 Der Papenbusch

Wer heiraten wollte, musste Eichen pflanzen

Männliche Listspinnen werden bei der Brautwerbung von den Weibchen seltener gefressen, wenn sie vor der Paarung ein erbeutetes Insekt als Gabe mitbringen. Bei den Massai in Kenia und Tansania sind 25 Rinder, darunter zwei Stiere, als Brautpreis üblich, den der Bräutigam an die Eltern der Geliebten zu zahlen hat. Auf Papua-Neuguinea sind 400 Muschelketten der Brauch. Ein teures Geschenk. Im Vergleich dazu war das, was die jungen Männer in Albersdorf zu leisten hatten, einfach zu bewerkstelligen. In der »Holz- und Jagdordnung« von 1737 war festgeschrieben: »Jede Mannsperson, welche zu heirathen gedenkt, sei schuldig und verpflichtet, vor anzutretender Ehe 10 junge Eichen oder 15 junge Buchen zu pflanzen.« So ist aus dem Hochzeitswald der Papenbusch entstanden.

Später hat man einen Musikpavillon dazugestellt und spartanische Holzbänke im Dreiviertelkreis angeordnet, mit 2.500 Sitzplätzen ein stattliches Theater für einen Ort, der kaum mehr Einwohner hat. Der Volksfestverein Albersdorf feiert hier sein Pfingstfest. Talente wie DJ Ötzi, Lotto King Karl und Guildo Horn schätzen die Atmosphäre der Waldbühne im Kurpark. Die Tradition des Bäumepflanzens hat man in den 70er Jahren des vergangenen Jahrhunderts wiederbelebt. Ein neuer Hochzeitswald wird aufgeforstet. Nicht nur Frischverheiratete setzen hier ein Bäumchen, auch die silberne und die goldene Hochzeit sind jetzt Anlass.

Albersdorf, ein rechtschaffener Ort, war wie viele Dörfer in Dithmarschen frühe Hochburg der Nazis. Als 1929 zwei SA-Männer getötet wurden, kamen 5.000 Menschen zur Beerdigung. Adolf Hitler reiste an, nannte die Opfer »christliche Märtyrer«. Zwei Pastoren protestierten. Die Ehrenbürgerschaft hat man Hitler später aberkannt. Das war 2009! Albersdorf ist Kurort, seit ein Arzt eine eisenhaltige Quelle entdeckte, die gegen Blutarmut helfe. Im Mineralwasser wurde fortan gebadet. Aber die Quelle versiegte. Heute ist Albersdorf Luftkurort.

Adresse Bahnhofstraße, 25767 Albersdorf | **Anfahrt** von der A 23 (Ausfahrt Albersdorf) Richtung Albersdorf, links in die Süderstraße bis zum Kreisverkehr, die erste rechts | **Öffnungszeiten** ganzjährig | **Tipp** Das Bahnhofsviertel war früher Villenviertel. Einige Häuser lassen das noch erkennen. Das renovierte alte Bahnhofshotel (Bahnhofstraße 29) war der Prachtbau im Ort.

6 _ Die Weide der Wasserbüffel

Wo die Landschaftspfleger Siesta machen

In der Gender-Frage kennen unter den Wasserbüffeln die Weibchen kein Erbarmen, sie haben die Sache für sich entschieden. Eine alte Kuh hat in der Herde das Sagen und hält diese zusammen. Jungbullen werden mit zwei Jahren vertrieben, geschlechtsreife Männchen nur in der Paarungszeit geduldet und danach wieder verjagt. Dabei sind Wasserbüffel eigentlich friedliche Tiere, einem störrischen Esel ähnlicher als einem wilden Stier. Manche Halter berichten, dass die Tiere sich gerne an sie kuscheln.

Domestizierte Wasserbüffel kennen wir als Pflug- und Lasttiere in asiatischen Ländern. Als Milchlieferanten für Büffelmozzarella auf großen italienischen Farmen. Große Bestände des europäischen Wasserbüffels hat es in Rumänien gegeben. In Deutschland erobern sie sich neues Terrain. Die Herde des Bio-Landwirts Björn Ortmanns hat in der sumpfigen Aschauer Lagune bei Altenhof ihr Revier. Behäbig dösen die Kraftpakete im Wasserloch, Vögel auf ihren Rücken picken Parasiten weg. Die Tiere, deren nach hinten gebogene Hörner Armlänge erreichen, brauchen im Sommer diese Siesta. Da sie nur wenige Schweißdrüsen haben, suchen sie Kühlung. Die Schlammkruste auf der Haut gibt zusätzlichen Schutz. In der Ruhe liegt die Kraft, das sagen uns die Büffel.

Das Feuchtgebiet ist genau nach ihrem Geschmack. Die Vielfraße sind auf der Ökofläche, die Ortmanns von der Gemeinde gepachtet hat, gute Landschaftspfleger. Sie halten den Bewuchs knapp und schaffen so Lebensraum für Vögel mit Vorliebe für offene Landschaften. Wasserbüffel sind für die Pflege des sumpfigen Geländes besser ausgestattet als etwa Galloways. Die Klauen sind viel breiter. Das verteilt das Körpergewicht gleichmäßiger, die Büffel sinken nicht so tief ein und rutschen nicht. Lieferanten von bestem Fleisch sind sie auch. Das hat nur ein Prozent Fettanteil, ist zarter und würziger als anderes Rindfleisch. Mit viel Eisen und Protein und wenig Cholesterin.

Adresse an der B 76 gegenüber dem Restaurant Treibgut, 24340 Altenhof | **Anfahrt** auf der B 76 Richtung Eckernförde, kurz vor dem südlichen Ortsanfang auf der linken Seite | **Öffnungszeiten** Mai – Okt., im Winter sind die Büffel im Stall | **Tipp** Das Restaurant Treibgut im Kiekut von Elisa und Torsten Behnke ist drinnen wie draußen eine Strandoase mit Blick auf die Eckernförder Bucht (Tel. 04351/8895613, Öffnungszeiten Mo, Mi, Fr ab 17 Uhr, Sa, So ab 11.30 Uhr).

7 Die Villa Hoheneck

Vom alten Szenetreff zum »Diamant des Ortes«

Dass die Villa am Kanalufer mal ein Bauernhof war, ist ihr nicht anzusehen. Mit dem Turm und dem Krüppelwalmdach mutet sie eher an wie ein kleines Palais. Und doch ist es so gewesen in der ersten Zeit nach dem Baujahr 1903. In den 20er Jahren kauften der Marineschreiber Oskar Papenfuß und seine Frau Anna das Gebäude, betrieben es als Café und Pensionat Hoheneck, das der Sohn übernahm. Die Gaststätte war vor dem Zweiten Weltkrieg beliebter Treffpunkt der in Kiel-Holtenau stationierten Luftwaffensoldaten, während des Krieges Sitz der Hafenschutzflottille der Marine, nach dem Krieg Flüchtlingsunterkunft und Kindergarten. Man erzählt, dass manche Zimmer auch an Damen des horizontalen Gewerbes vermietet gewesen seien, um das Anwesen finanzieren zu können.

Mitte der 50er Jahre bringen Liselotte und Wilhelm Heinze die Gaststätte mit ihren sonntäglichen Tango-Nachmittagen wieder in Schwung. Neuer Wirt ist ab 1972 Jörn Clahsen. Jetzt blüht Hoheneck richtig auf. Mit Bowle und Bier vom Fass auf der Terrasse wird der Laden der Szenetreff im Kieler Umland. Generationen von Studenten haben hier ihre Studien betrieben. Zuletzt funktionierte das gastronomische Konzept nicht mehr. Am Ende stand die Villa leer, Wildwuchs eroberte den Biergarten, Hoheneck war Bruchbude. Geblieben ist die Sahnehäubchen-Lage mit Blick auf die Schiffe.

Mit einem neuen Investor und dessen mutigen Visionen hat die Villa, für die wegen ihres Zustands schon eine Abrissgenehmigung vorlag, nun eine neue Chance. Zuerst wollte er das feuchte Gemäuer tatsächlich niedermachen, aber der Protest der Bürger in Altenholz und aus Kiel war laut genug, um umzudenken. Inzwischen ist dem Käufer der Erhalt des Anwesens »Herzenssache«, auf »ein silbernes Tablett« will er den »Diamant des Ortes« heben. Um das möglich zu machen, ist daneben der Bau von Eigentumswohnungen vorgesehen. Gaststätte wird Villa Hoheneck wohl nie mehr.

Adresse Friedrich-Voß-Ufer 57, 24161 Altenholz | **Anfahrt** von der B 503 am nördlichen Ende der Kanalbrücke in die Prinz-Heinrich-Straße, scharf rechts in die Gravensteiner Straße, rechts auf das Friedrich-Voß-Ufer | **Tipp** Von der Villa in die Oskar-Kusch-Straße: Ein Gedenkstein vor einem Schießstand erinnert an den U-Boot-Kommandanten Oskar Kusch, der sich dem NS-Staat widersetzte. Wie er wurden Hunderte kritische Marine-soldaten hier hingerichtet.

8 Die gläserne Kletterwand

Nervenkitzel über Knicks und Reddern

Von wegen nur flaches Land. Hüttener Berge heißen die Hügel im gleichnamigen Naturpark nördlich des Kanals. Von denen ist der Scheelsberg westlich von Ascheffel mit 106 Metern der höchste, der Aschberg südlich schafft 98 Meter. Den besseren Fernblick hatte man von hier aus schon immer, jetzt geht's noch einmal höher hinaus. Ein 23 Meter hoher Aussichtsturm mit überhängender Besucherplattform wurde auf dem Gipfel errichtet. Man kommt über Treppen oder den Lift nach oben. Sportliche klettern hoch.

An die kühne Holz-Stahl-Konstruktion hat man eine 18 Meter hohe gläserne Kletterwand montiert mit Routen für jeden Schwierigkeitsgrad. Wer einen Kletterschein hat und eigenes Equipment mitbringt, kann nach Voranmeldung mit Durchblick rauf- und runterkraxeln. Für Anfänger und Fortgeschrittene werden Kurse angeboten. Das spektakuläre Bauwerk gehört zur Lodge und Akademie eines Hamburger Outdoor-Ausrüsters.

Welch ein Blick! Im Norden bis zum Meeresarm Schlei, im Süden bis zum Wittensee, nordöstlich sind Windebyer Noor und Eckernförder Bucht zu sehen. Direkt unten liegt die Knicklandschaft, die so charakteristisch ist für die Hüttener Berge – und hier besonders gut erhalten. Knicks sind lebende Zäune, Erd- und Steinwälle, bewachsen mit Erlen, Hainbuchen und Haselnusssträuchern. Sie dienten zur Markierung der Äcker, als Windschutz und sollten das Wild fernhalten. Dornensträucher waren dafür besonders geeignet, Brombeeren oder Weißdorn. Der Name Knick leitet sich ab vom Knicken der Zweige und jungen Äste, damit sie nicht in den Himmel wachsen. Ist ein Ackerweg links und rechts von Knicks gesäumt, spricht man von einem Redder. Knicks zwischen den Feldern passen manchen Landwirten nicht, die gerne intensiver wirtschaften möchten. Knicks sind aber wertvoller Lebensraum für Vögel und Insekten und deswegen in Schleswig-Holstein geschützt. Geknickt werden darf nur im Winter.

Adresse Aschberg 3, 24358 Ascheffel, Tel. 04353/99800010 | **Anfahrt** von der A7 (Ausfahrt Owschlag) Richtung Eckernförde, in Ascheffel links, den Schildern Aschberg/Globetrotter Lodge folgen | **Öffnungszeiten** freies Klettern Mo–Fr 12–15 und 18–20 Uhr, Sa, So 12–20 Uhr, Kurse auf Anfrage | **Tipp** Sieben Meter hoch ist das Bismarck-Standbild unterhalb der Lodge. Erst stand der Kanzler auf dem dänischen Knivsberg und lag dann in einer Scheune in Ascheffel, bevor er 1930 hier aufgestellt wurde.

9 Der Schalenstein
Opferstelle für Göttergaben

Beldorf hat eine Handvoll Bauernhöfe und noch einmal so viele Handwerksbetriebe. Eine Heuherberge. Ein Café, das am Wochenende öffnet. Immerhin hält die Regionalbahn noch, die alte Schule ist jetzt Dorfgemeinschaftshaus. Man hat einen Blick auf die Grünentaler Hochbrücke, die 1892 als erste Kanalbrücke gebaut wurde. Mit Abstand zum Dorf drehen sich im Bürgerwindpark fünf Windmühlen, von denen noch zwei Millionen Euro Gewinn erwartet werden. Die Dorfstraße ist die Lebensader. Keine 300 Menschen leben in Beldorf. Man sollte meinen, dass jeder schon jeden Stein im Dorf umgedreht hat. Erst recht den Schalenstein.

Kein Hinweis führt zu der archäologischen Seltenheit, über die in einer Broschüre der übergeordneten Amtsverwaltung der kurze Hinweis steht: »In Beldorf können Sie Schalensteine besichtigen.« Schalensteine sind Felsen, in die Jäger und Sammler der Jungsteinzeit kleine Grübchen gearbeitet haben, um darin bei kultischen Handlungen Opfergaben abzulegen. Man fragt in der Dorfstraße beim Haus 56, wo sich eine Bewohnerin im Garten müht. Die hilfsbereite Frau erkundigt sich bei der Nachbarin. Aber nein, sie wohnen seit 30 Jahren hier, von Schalensteinen haben sie noch nie etwas gehört. Vielleicht wisse der Bürgermeister etwas. Der weiß immerhin, dass man Peter Paulsen fragen kann, der im Haus Dorfstraße 50 wohnt.

Peter Paulsen hat die Schalensteine bei der Feldarbeit gefunden und damit einen Teil der Hofstelle eingefasst. Archäologen haben sie vermessen. Die Grübchen sind aber kaum zu erkennen. Dann schwingt sich der Landwirt aufs Rad und fährt voraus. Es ist nur um die Ecke, vor dem Hof Mückenbusch 10 liegt der mächtige Schalenstein, etwa vier Meter im Umfang. Sechs kreisrunde Vertiefungen, in die einst Tierblut und Öle als Göttergaben gegossen wurden, sind deutlich zu sehen. Sie zeigen zur Seite. »Man müsste den Stein mal richtig herum legen«, sagt Peter Paulsen.

Adresse Mückenbusch 10, 25557 Beldorf | **Anfahrt** von der A 23 (Ausfahrt Albersdorf) Richtung Albersdorf, rechts Richtung Hanerau-Hademarschen, nach der Kanalquerung links | **Tipp** Die alte Grünentaler Brücke wurde 1986 durch einen Neubau ersetzt. Im Beldorfer Ortsteil Grünental ist ein mächtiges Widerlager der ursprünglichen Stahlfach-werkkonstruktion als Nostalgieobjekt aufgestellt.

10__Der Bistensee

Wie die Jarcks Seebesitzer wurden

Das »Blaue Juwel« im Naturpark Hüttener Berge wird der See auch genannt. Und Torsten Jarck hütet seinen Schatz. Ihm und seiner Familie gehört der Bistensee. Am südöstlichen Ufer betreiben sie einen Campingplatz, vermieten Ferienhäuser und Wohnungen sowie Boote an Angler. Nachhaltigkeit schreibt der Seebesitzer groß. Von den Edelfischen Hecht, Karpfen, Zander darf niemand mehr als zwei Exemplare am Tag aus dem fischreichen Gewässer holen. Aale sind ohnehin selten geworden. Der Kormoran ist ein hungriger Jäger.

Als der Staat nach dem Ersten Weltkrieg Geld braucht, bietet er auch das Juwel zum Kauf an. Und Hans-Karl Jarck schlägt zu, kann außerdem ein paar Landparzellen erwerben. Er betreibt eine Fischerei und Räucherei. Sein Sohn Hans übernimmt. Der angelt zwar gerne, aber eigentlich ist er Buchhalter. Die Familie wohnt damals in Eckernförde, der nahe See ist für die vier Kinder von Hans und Margareta Jarck bester Abenteuerspielplatz. Immer mehr Zeit verbringen die Jarcks an ihrem See. Beschließen: »Wir machen einen Campingplatz auf!« Bauen ein Haus mit Zimmern mit eigenem Bad für jedes Kind. Bald wird das Haus Lebensmittelpunkt. Stege und Ferienhäuser kommen dazu.

Vom Jarck'schen Anwesen führt ein Rundweg zunächst durch einen Buchenwald. Der Weg mäandert, geht nicht immer am Ufer entlang, aber doch ein gutes Stück. Nach einem Anstieg vorbei an Hochlandrindern hat der Wanderer beste Aussicht auf den Bistensee, dessen Name von Binsen abgeleitet ist. Man kommt zum bei Hochzeitspaaren sehr beliebten Seehotel Töpferhaus mit Traumblick von der Terrasse, Spa und gehobener Gastronomie. Es geht nach Norden und dann nach Osten. Nach einem Wäldchen erreicht der Weg den See. Sobald er den See verlässt, ist man im Dörfchen Bistensee angekommen. Noch eine Erfrischung im Lokal Seeterrassen – wieder eine ganz andere Perspektive auf das »Blaue Juwel«.

Adresse Uferweg 16, 24358 Bistensee, Tel. 04353/436 (Familie Jarck) | **Anfahrt** von der A7 (Ausfahrt Rendsburg / Büdelsdorf) auf der B 203 Richtung Eckernförde, in Holzbunge links Richtung Bistensee, am Ortseingang links | **Tipp** Das mit Reet gedeckte Keramik-Café beim Töpferhaus war vor 200 Jahren eine Tischlerei (Tel. 04338/999225, Öffnungszeiten: März–Okt. Di–So 13–18 Uhr, Nov.–Feb. Mi–So 13–18 Uhr).

11__Der Magnetfeldsimulator
Er macht U-Boote unsichtbar

Borgstedter Enge heißt ein Abzweig vom Kanal. Die Enge geht über in den Borgstedter See, der sich südwestlich der Gemeinde wieder zum Kanal hin öffnet. Früher waren Enge und See Teil des Kaiser-Wilhelm-Kanals, bis dieser begradigt wurde. So ist zwischen dem alten Kanalbett und dem neuen die Rader Insel entstanden. Am Nordufer der Enge erhebt sich ein Gerippe 28 Meter aus dem Wasser. Manchmal kann man beobachten, wie es von U-Booten und anderen Schiffen der Marine angesteuert wird. Das Balkenwerk, ein wenig versteckt hinter Bäumen, 113 Meter lang und 34 Meter breit, ist Teil eines weltweit einmaligen Erdmagnetfeldsimulators. Eine Institution mit dem sperrigen Namen »Bundesamt für Ausrüstung, Informationstechnik und Nutzung der Bundeswehr« ist der Betreiber. Spannend ist, was man nicht sehen kann, weil es unter Wasser liegt. Vier Jahre hat man an der Anlage gebaut, 40 Millionen Euro dafür ausgegeben.

Schiffe sind aus Stahl gebaut, für magnetische Detektoren ein Leckerbissen. Seeminen oder Torpedos mit magnetischen Zündmechanismen sind deshalb eine große Gefahr. Die gilt es fernzuhalten. Fachleute sprechen von der magnetischen Signatur eines Schiffes, die hierzu vermessen werden muss. Ein elektromagnetisches Spulensystem und ein Sondenteppich mit 800 Unterwassersensoren rechnen sie in der Borgstedter Enge aus. Gleichzeitig werden die unterschiedlichen Magnetfelder in den Ozeanen simuliert, denn im Norden ist das Magnetfeld ein anderes als etwa am Äquator. Danach werden Schutzmaßnahmen für die Schiffe entwickelt, die magnetische Signatur wird unterdrückt. U-Boote, ohnehin schon durch Mangan-Beimischung im Stahl nur schwer zu erkennen, werden so fast unsichtbar gemacht.

Der Simulator ist aus nicht magnetischem Material, das Gerippe aus Holz. Der Sondentisch unter Wasser steht auf 370 Basralocus-Pfählen. Basralocus ist ein Hartholz aus Surinam, gegen Muscheln resistent.

Adresse Rendsburger Straße, 24794 Borgstedt | **Anfahrt** von der A 7 (Ausfahrt Rends-
burg / Büdelsdorf) auf der B 203 Richtung Rendsburg, links in die Straße Rossahlredder,
jetzt links und an Lehmbeck vorbei, auf der rechten Seite | **Öffnungszeiten** Die Anlage ist
militärisches Sperrgebiet. | **Tipp** Den besseren Blick hat man von der anderen Kanalseite
bei Brauers Aalkate. Anfahrt von der A 210 (Ausfahrt Bredenbeck) nach Bovenau, weiter
Richtung Rendsburg, rechts in den Rader Weg, rechts in die Straße Schirnauer See (dem
Schild »Brauers Aalkate« folgen).

12 _ Die Rader Hochbrücke

Für 90 Jahre geplant, nach 45 Jahren kaputt

Mehr als 50.000 Fahrzeuge rollen täglich über die Brücke, jedes sechste ist ein Sattelschlepper oder Lastwagen. Das muss man aushalten können. Die Menschen im nahen Borgstedt am Nordufer des Kanals westlich der Brücke und in Rade bei Rendsburg am Südufer östlich des Bauwerks stört das ewige Krachen der beweglichen Übergänge aus Stahl zwischen den Rampen und der Brücke. An den Motoren- und Reifenlärm haben sie sich gewöhnt. Die Brücke ist nicht so verständig. 1972 wurde sie zu den Olympischen Spielen in Deutschland eröffnet, 90 Jahre sollte sie halten. Jetzt ist sie kaputt. Im sogenannten Bauwerksbuch ist ihre Konstitution mit der Ziffer 3 angegeben, das heißt »kritischer Bauzustand«.

Die Hochbrücke, die sich ihren Namen von dem Örtchen Rade borgt, aber auch Europabrücke heißt, ist das wichtigste Brückenbauwerk in Schleswig-Holstein. Auf einer Länge von 1.500 Metern schwingt sie sich elegant auf 28 Pfeilern über den Kanal und die Borgstedter Enge, den alten Verlauf der Eider. Die Brücke verbindet die Region mit Hamburg, Flensburg und Dänemark. Eher zufällig wird bei einer Inspektion im Jahr 2013 festgestellt, wie krank die Brücke ist. Sofort wird sie für den Schwerlastverkehr gesperrt. Mächtige Stahlmanschetten sichern vorerst die Pfeilerköpfe. So soll die Brücke noch zehn Jahre halten. Sattelschlepper dürfen jetzt nur Tempo 60 fahren, für den Pkw-Verkehr ist abhängig von den Windverhältnissen höchstens Tempo 100 erlaubt.

2023 will man mit einem Neubau beginnen. Nach ersten Planungen wird die neue Brücke um 40 Meter nach Osten versetzt. Ein Wohnhaus könnte dann möglicherweise unter der Brücke stehen. Zunächst will man die Trasse Richtung Norden bauen, über sie soll dann der Verkehr in beide Richtungen laufen. Danach wird die alte Brücke abgerissen und die Trasse Richtung Süden errichtet. 250 Millionen Euro soll die neue Brücke kosten. 2030 will man fertig sein.

Adresse Bundesautobahn A 7, 24794 Borgstedt | **Tipp** Unbedingt an das Tempolimit halten! Um die Lebensdauer der Brücke zu verlängern, sind in beiden Richtungen Radarsäulen installiert. In einem Jahr wurden 113.000 Temposünder geblitzt. Der schnellste Raser fuhr mit Tempo 214 über die Brücke.

13__Die Schleuse Kluvensiek

Neuer Glanz für das technische Wunderwerk

Zeitgenossen verglichen die sechs Schleusen des Alten Eiderkanals mit den ägyptischen Pyramiden und den hängenden Gärten der Semiramis, mit den Weltwundern der Antike. Das klingt selbstbewusst. Aber eine einzigartige Ingenieursleistung waren die Schleusen allemal, als sie 1784 in Betrieb genommen wurden. In der Schleuse Kluvensiek konnten Schiffe in nur zehn Minuten um 2,10 Meter angehoben oder abgesenkt werden.

Der Schleswig-Holsteinische Kanal oder Eiderkanal war der erste Kanal der Welt, den seegehende Schiffe befahren konnten. 4.000 Männer hatten sieben Jahre lang an der Verbindung zwischen den Meeren gebuddelt. Bis sie 1895 durch den heute international Kiel Canal genannten Kaiser-Wilhelm-Kanal abgelöst wurde, zählte man 300.000 Schiffe. Für die Durchfahrt brauchten sie drei Tage. Lotsen waren schon damals vorgeschrieben. Die Reeder mussten ihnen neben einem Lotsengeld »freie Kost und eine reinliche Schlafstelle« garantieren. Die Schiffe wurden tagsüber getreidelt, an 200 Meter langen Leinen, gezogen von Menschen oder von Pferdegespannen, die sich auf Uferwegen abkämpften. Die größte Pferdehalterei mit 24 Pferden stand in Kluvensiek. Eine Schnapsbrennerei auch.

Für die Schleuse ließen die Baumeister 1.600 Pfähle in den Boden rammen. Darüber schichtete man längs und quer drei Lagen Eichenbohlen und stampfte sie mit Lehm aus. Das war das Fundament. Die Schleusenwände wurden gemauert und mit wasserabweisenden Klinkern aus Holland verblendet. Die hölzernen Portale der Zugbrücke hat man später durch gusseiserne aus der Carlshütte Rendsburg ersetzt.

Die Schleusenkammer, die nach der Schließung verlandet ist, hat man 2012 ausgebaggert und aufwendig instand gesetzt. Die Schleuse ist das am besten erhaltene der sechs Hebewerke des Kanals. Eine Infotafel zeigt eindringlich, wie viele Schiffe auf dem Weg um Norddänemark verunglückten, bevor es den Eiderkanal gab.

Adresse an der Straße von Bovenau nach Sehestedt, 24796 Bovenau | **Anfahrt** von der A 210 (Ausfahrt Bredenbek) nach Bovenau und Richtung Sehestedt | **Tipp** Die Güter Dengelsberg, Georgenthal, Kluvensiek, Osterrade und Steinwehr – im Gemeindegebiet Bovenau stehen prächtige Herrenhäuser.

14__Die Duckdalben

Wo Schiffe schmusen

An manchen Stellen im Kanal können große Schiffe nicht aneinander vorbeisteuern. Sie müssen ausweichen. Dafür sind auf der Strecke zwischen Brunsbüttel und Kiel zwölf sogenannte Weichen (siehe Ort 32) eingerichtet. Die Weiche Breiholz zwischen den Kanalkilometern 47 und 49 ist 1.100 Meter lang. In Ufernähe ragen versetzt mächtige Poller aus dem Wasser. Seefahrer und Wasserbauingenieure nennen sie Duckdalben oder kürzer Dalben. Den Schiffen geben sie Halt. Sie können sozusagen mit den Dalben schmusen, wenn sie warten müssen, um einen anderen dicken Pott vorbeizulassen.

Die alten Dalben sehen schöner aus, nostalgischer. Sie sind aus Holz. Ein solcher Dalben besteht aus 16 Pfählen mit einem Durchmesser von 40 Zentimetern und bis zu 21 Metern Länge. Man hat heimische Hölzer genommen, Lärche, Kiefer, Douglasie. Die Baumstämme wurden wochenlang im Wasser gelagert, bis sie gesättigt waren. Um die Umwelt zu schonen, hat man nicht versucht, sie zu konservieren. Mächtige Schwimmrammen haben die Pfähle in den Untergrund gestoßen, Zimmerer sie miteinander verbunden. Im Abstand von 22 Metern wurden die Duckdalben in den Kanalboden gepflanzt. Jeder hat 40.000 Euro gekostet.

Nach und nach werden sie ausgewechselt, in einigen Weichen ist das schon passiert. Die neuen Dalben sind Stahlrohre mit einem Durchmesser von anderthalb Metern. Sie sind zehn Meter länger als die Holzdalben. Man verzichtet auf einen Korrosionsschutz, wieder der Ökologie zuliebe. Dafür ist das Stahlblech zwei Zentimeter dick. Das Wasserstraßen- und Schifffahrtsamt hofft, dass die neuen Dalben doppelt so lange halten. Das wären dann 40 Jahre. Am oberen Ende haben die Stahldalben drehbare Kappenfender aus Kunststoff, um die Außenhaut der Schiffe zu schonen. Ein neuer Dalben kostet fast doppelt so viel wie ein alter. Man braucht aber weniger. Der Abstand beträgt jetzt 33 Meter.

Adresse Meckelmoor, 24797 Breiholz | **Anfahrt** von der B 77 Richtung Breiholz über die Dorfstraße und die Straße Der alte Damm, an der Fährstelle links in die Straße Meckelmoor | **Tipp** Hinterm Kanaldamm liegt das Café Alte Scheune. Für ein Stück Paradiestorte kommen Gäste von weit her (Meckelmoor 3b, Tel. 04875/902632, Öffnungszeiten: Mai–Sept. Mi–So 14–18 Uhr, Okt.–April Fr–So 14–18 Uhr).

15__Die Hausboote

Kleine Fluchten am Eiderufer

Vom Blesshuhn kann man lernen. Der Wasservogel befestigt sein schwimmendes Nest an Schilfrohren, an denen es mit dem Wasserstand auf- und absteigen kann. Ganz ähnlich sind Hausboote mit Ringen an Pfählen verankert. Wohnen auf dem Wasser ist für viele ein Traum. In schwimmenden Nestern, für Menschen gebaut. Flüsse, Seen, Meere üben mächtige Anziehungskraft auf uns aus. Der Himmel darüber ist weit. Der ständige Wechsel des Lichts auf der Wasseroberfläche ist voller Magie. Hausboote sind das angesagte Getaway, das süße Entkommen. Das Plätschern der Wellen an der Bordwand, die zarten Bewegungen des Bootes beruhigen. Nichts, was den Blick verstellt. Das Aquawohnen ist eine Lebenseinstellung für Naturliebhaber, Freigeister und solche, die rund um die Uhr Urlaubsfeeling suchen.

Im Mekong-Delta schwimmen ganze Dörfer, die Hausboote sind Wohnort, Arbeitsplatz oder Supermarkt. In den Grachten von Amsterdam ist für Individualisten wie für Familien das Waterwonen auf 2.500 Booten Philosophie. In London ist es auch eine Not. In der Stadt mit den höchsten Hauspreisen in Europa zieht aufs Hausboot, wer das Wohnen an Land nicht mehr bezahlen kann. 10.000 schwimmende Behausungen sollen es auf den Kanälen sein. Im Stadtteil Little Venice am Grand Union Canal liegen die Boote dicht an dicht. Hamburg ist deutsche Hausboot-Metropole. Überall auf der Welt entwickeln Architekten und Stadtplaner Visionen von schwimmenden Siedlungen.

Ausprobieren kann man das Entschleunigungsgefühl auf den Hausbooten von Birgit Stotz und Thomas Thede. Wo früher die Eiderfähre von Ufer zu Ufer wechselte, betreiben beide einen Campingplatz sowie das Lokal Bootsmann. Am Eiderufer wurden Rumfässer zum Übernachten aufgestellt, die schwimmenden Ferienwohnungen liegen am Steg. Mit bodentiefen Fenstern und Sonnenterrasse auf dem Dach. Schwanenfamilien ziehen vorbei. Das Blesshuhn auch.

Adresse Fährstraße 1, 24797 Breiholz, Tel. 04332/9964200 | **Anfahrt** auf der B 203 nach Hamdorf, über die Dorfstraße Richtung Fähre Breiholz, an der Eiderbrücke | **Öffnungszeiten** Hausboote ganzjährig, Restaurant Bootsmann 17.30 – 21 Uhr, Nov.–März Mo und Di Ruhetag | **Tipp** Lust auf Frischmilch zum Frühstück an Deck? Gibt's an der Milch-Tankstelle von Hof Asmussen rund um die Uhr (Fährstraße 2).

16__Altenhafen

Ansichtskarten-Idylle hinterm Deich

Warum sollen nur die Kaufleute in Hamburg und Glückstadt sich mit der Jagd auf Wale und Robben ein goldenes Näschen verdienen? Mit dem Tran aus dem Fett der Tiere, der für die Straßenbeleuchtung gebraucht wird, kann man damals viel Geld machen. Also tun sich 1816 in Brunsbüttel zwölf wohlhabende Bürger und »die Witwe Piehl« als Aktionäre der »grönländischen Gesellschaft« zusammen. Sie kaufen eine Dreimastbark und taufen sie auf den Namen »Einigkeit von Brunsbüttel«. Sie ist eines der größten Walfangschiffe der Westküste mit zwei Decks und sieben Schaluppen, Ruderboote für die Harpuniere.

Kapitän Boye Boysen aus Nordfriesland hat das Kommando. Der jüngste Matrose ist 15. Den größten Teil der 52 Mann an Bord heuert Boysen auf seiner Heimatinsel Föhr an, erprobte Eismeerfahrer. Er war »kein Freund von den jungen Kerls ohne Erfahrung, die an zu zittern fangen, wenn sie beim Fisch kommen«, wird Boysen zitiert. Der Segler wird gut beladen. 2.000 Pfund Butter, 2.200 Pfund Räucherspeck, 8.000 Pfund Brot stehen auf der Proviantliste. Obendrein ein Fass mit 148 Litern Bier. Im März 1817 sticht das Schiff in See.

Wer vom Parkplatz an der Straße Altenhafen die Stufen zur Deichkrone hinaufsteigt, kann die Atmosphäre von damals schnuppern. Die schönen Fachwerkhäuser rechts, Ansichtskarten-Idylle, standen zwar noch nicht. Aber links, wo jetzt Segelboote liegen, hat früher auch die Bark festgemacht. Die Trankocherei war hier, wegen des Gestanks weit weg von den Wohnquartieren. In der Biegung hat man Blick auf die Elbemündung, von dort ist 1823 die »Einigkeit von Brunsbüttel« von ihrer letzten Tour heimgekehrt. Arg beschädigt von schwerem Wetter. Weil sich zudem das Geschäft nicht mehr lohnt, wird sie verkauft. Anfangs kamen die Männer mit 218 Fässern Tran und 3.800 Robbenfellen zurück, am Ende sind es 24 Fässer und 390 Felle. Die Aktionäre haben ein dickes Minus gemacht.

Adresse Altenhafen, 25541 Brunsbüttel | **Anfahrt** von der B 5 (Ausfahrt Brunsbüttel-West) über die Marner Chaussee, den Ochsenmarkt und die Reichenstraße bis zum Markt, in die Sackstraße und die Süderstraße, nach dem Kreisverkehr zweite rechts, kleiner Parkplatz | **Tipp** Pause machen auf einer der Bänke auf dem Deich! Die Elbe ist hier auch Warteraum für die Schiffe vor ihrer Einfahrt in die Schleusen.

17__Die Atomruine

Der Abriss des Meilers ist eine Jahrhundertaufgabe

Wohin mit dem Müll? Das Kernkraftwerk Brunsbüttel, der Pannenmeiler, liefert schon seit 2007 keinen Strom mehr. Radioaktiver Dampf, eine Knallgasexplosion, Kurzschlüsse, Rohrbrüche. Zu viele Störfälle, viele Ungereimtheiten im Meldeverfahren. Als Deutschland nach der Katastrophe von Fukushima die Energiewende beschloss, war dies das sofortige endgültige Aus für den über 40 Jahre alten Reaktor an der Elbemündung. Als Atomruine will ihn aber niemand stehen lassen.

Jahrzehnte wird es dauern, bis hier wieder grüne Wiese ist. Der Rückbau ist eine Mammutaufgabe. Hunderte Brennelemente müssen in Castorbehälter umgepackt und in einem Zwischenlager auf dem Kraftwerksgelände geparkt werden. Der Bau ist massiver und besser geschützt gegen Flugzeugabstürze und panzerbrechende Waffen als das alte Reaktorgebäude. Aber ein Endlager für die Castoren ist noch in weiter Ferne. Bis 2031 soll ein Standort gefunden, bis 2050 das Lager gebaut sein. Jahre wird es auch dauern, bis in Brunsbüttel 632 teils durchrostete Fässer mit schwach und mittel radioaktivem Abfall geborgen sind, die man in Kavernen gefunden hat. Der Betreiber hat dafür eigens einen millionenschweren Greifroboter bauen lassen. Auch die Fässer sollen ins Zwischenlager.

Es gibt weitere Abfälle. Sie machen den größten Teil der erwarteten 300.000 Tonnen aus. Bauschutt, Isolierungen, asbesthaltiger Müll, Mineralwolle, Straßenaufbruch. Viel kann recycelt werden. Einiges aber auch nicht. Das Material sei nuklear unbedenklich, heißt es. Man könnte es auf Deponien lagern. Sieben Standorte kommen dafür in Schleswig-Holstein in Frage. Aber keiner will das Zeug. Die Sprecherin des Energiewendeministeriums: »Es sind keine radioaktiv belasteten, aber emotional belastete Abfälle.« Die Menschen denken an die erhöhte Zahl von Leukämiefällen, die im Umkreis mancher Meiler gemeldet wurden. Auch wenn es einen Nachweis nie gegeben hat.

Adresse Otto-Hahn-Straße 1, 25541 Brunsbüttel, Tel. 04852/890 | Anfahrt von der B 5
über die B 431 nach Sankt Margarethen, rechts in die Kirchducht und die Hauptstraße, auf
der linken Seite | Öffnungszeiten Das Informationszentrum hat man 2014 geschlossen. |
Tipp Nur ein paar Kilometer elbaufwärts: Das Kernkraftwerk Brokdorf soll bis 2021 am
Netz bleiben (Osterende 33).

18_ Das Beamtenviertel

Englische Gartenstädte waren das Vorbild

Als der Kanal schon zwölf Jahre nach seiner Eröffnung zu klein geworden war, musste zu seiner Erweiterung in Brunsbüttel ein ganzes Viertel weichen. Wo heute die großen Schleusenkammern sind, wohnten zuvor Lotsen und Mitarbeiter des öffentlichen Dienstes. 9.000 Männer haben den Kanal acht Jahre lang mit Schaufel und Spitzhacke gegraben. 3,30 Mark Tageslohn bekamen sie dafür, wovon sie sich schon etwas leisten konnten. Eine Flasche Braunbier, ein kräftiges Vollbier, kostete fünf Pfennige. Ein halbes Pfund Wurst 30. Aber der Bau, der Ausbau des Kanals und sein Betrieb brauchten nicht nur Tagelöhner. Verwaltet wurde er vom Kaiserlichen Kanalamt. Für die Mitarbeiter dort wurde ab 1909 in nächster Nähe ein neues Wohnquartier gebaut. Das sogenannte Beamtenviertel.

Kaiser Wilhelm II. ließ sich die Pläne für die Siedlung persönlich vorlegen. 63 Mehrfamilienhäuser wurden errichtet. Mit Fachwerk, voluminösen Dächern, architektonisch an den Jugendstil angelehnt. Vorbild waren englische Gartenstädte. Die Gärten wurden großzügig geplant mit viel Platz für Selbstversorgung. Sieben verschiedene Gebäudetypen mit individueller Fassadengestaltung entwarfen die Architekten. Die kleineren für Arbeiter und Unterbeamte, wie es damals hieß. Die etwas größeren für höhere Beamte und Lotsen. Haustyp A, Scholerstraße 7, gibt's nur einmal. Dort wohnte der stellvertretende Kanalinspektor, es war am besten ausgestattet. Die Kautzstraße ist nach dem Kanalamtspräsidenten benannt. Adolf-Hitler-Straße hieß sie vorübergehend im Dritten Reich.

Sehr speziell ist der Name der Straße Wurtleutetweute. Die Brunsbütteler nennen sie auch die Kuddelmuddelstraße. Der Name setzt sich zusammen aus niederdeutschen Begriffen. »Wurt« ist ein aufgeschütteter Hügel, der Kanalaushub war gemeint. Die »Leute« sind die Menschen, die über die »Wurt« laufen. Auf einer »Tweute«, einem unbefestigten Weg.

Adresse Delbrückstraße, Fülscherstraße, Kautzstraße, Loewestraße, Mittelstraße, Posadowskystraße, Scholerstraße, Wurtleutetweute, 25541 Brunsbüttel | **Anfahrt** von der B 5 (Ausfahrt Brunsbüttel-Nord) in die Fritz-Staiger-Straße, rechts in die Ostermoorer Straße, rechts in die Kautzstraße | **Tipp** Die Pauluskirche an der Loewestraße hat nach dem Siedlungsbau Regierungsbaumeister Ewald Klatt errichtet. Wieder hatte der Kaiser ein Auge drauf.

19__Der ChemCoast Park
Größtes Industriegebiet in Schleswig-Holstein

Industrieanlagen, die Fläche brauchen, zumal die der Petrochemie, taugen nie für einen schönen Anblick. Das ist so in Leverkusen wie in Ludwigshafen und in Brunsbüttel nicht anders. Wer von Osten oder Nordwesten ankommt, fährt gefühlt lange Kilometer an oberirdischen Pipelines, an glänzenden Raffinerien, an Schloten, Gasfackeln und riesigen Tanks vorbei. Man möchte gar nicht wissen, was drin ist, und schnell vorbei an dem Pulverfass. Wobei – wenn nachts Zigtausende Lichter an den Anlagen glühen, ist das schon wieder schön.

Der ChemCoast Park ist Schleswig-Holsteins größtes Industriegebiet. Groß wie 2.800 Fußballfelder, falls sich das jemand vorstellen kann. Um Synergien zu nutzen, haben sich 20 Unternehmen der Chemie- und Energiewirtschaft sowie der Logistik unter dem Namen ChemCoast Park zusammengetan. Sie produzieren Lacke, Schmieröle, Bitumen für den Straßenbau, Harnstoff, Ammoniak, Kunststoffe zur Gebäudedämmung. Sie verladen Rotorblätter für Windkraftanlagen. Große Namen wie Covestro (früher Bayer), DEA, Total, Lanxess, Sasol, YARA, Kruse stecken dahinter. Die Gesellschaft Brunsbüttel Ports, die drei Häfen am Nord-Ostsee-Kanal und an der Elbe betreibt, gehört auch dazu. Der ChemCoast Park sichert 12.500 Arbeitsplätze in der Region. Mehr Einwohner hat Brunsbüttel nicht.

Die Unternehmen glauben an den Standort. Man bietet sich als bestmöglicher Platz für ein überregionales Flüssiggas-Terminal an, um den Energiemix schneller hinzubekommen. Einige der Firmen haben Investitionen in dreistelliger Millionenhöhe angekündigt. Man sollte glauben, auch Politiker seien hier um eine bessere Infrastruktur bemüht. Aber die Bahnanbindung ist teils eingleisig und nicht elektrifiziert. Immerhin sollen neun Bundesstraßen-Kilometer Richtung Brunsbüttel von Itzehoe bis Wilster dreispurig ausgebaut werden. Bis zum Ziel sind es dann nur noch 20 Kilometer.

Adresse Fährstraße, Ostermoorer Straße, Schleswiger Straße, 25541 Brunsbüttel | **Anfahrt** von der B 5 (Ausfahrt Brunsbüttel-Süd/Industriegebiet) über die Kreisstraße, den Holstendamm und die Schleswiger Straße | **Tipp** Der Elbehafen ist ein Tiefwasser-Seehafen. Schiffe bis 350 Meter Länge können abgefertigt werden (von der Fährstraße in die Hamburger Straße).

20__Das Copa Canala
Nicht nur zum Anbandeln der beste Platz

So weitläufig wie Rios vier Kilometer langer Sandstrand Copacabana ist das Copa Canala zwar nicht, aber immerhin die einzige am Ufer gelegene Strandbar des Kanals. Und irgendwie genauso ein Paradies. Die brasilianische Flagge flattert auch hier im Wind.

Links neben dem Fähranleger am Südkai des Brunsbütteler Binnenhafens hat Armin Gassen etliche Ladungen Sand abkippen lassen. Zum Wasser hin einen weißen Zaun gezogen, über eine Pergola ein großes Segel gespannt und ein hässliches Trafohäuschen in der Nachbarschaft anmutig bemalt. Hier lässt's sich am Tag und nach Feierabend bis spät in die Nacht gut abhängen in neonfarbenen Plastiksesseln und Liegestühlen. Dazwischen wenige Strandkörbe und Paletten als Sitzmöbel der spartanischen Art. Zum Caipirinha kommen südamerikanische und Reggae-Klänge aus dem Hintergrund. Vor dem Gast geht über der Stadt die Sonne unter.

Bevor der Saarländer Armin Gassen der Liebe wegen nach Brunsbüttel kam, hat er die Welt bereist und auf den Malediven in Surfschulen gearbeitet. Jetzt musste er sich etwas Neues aufbauen. Mit Hilfe des Wasserstraßen- und Schifffahrtsamtes, dem das Grundstück gehört, kann Gassen seine Idee einer Strandbar realisieren. Er wisse, dass er »den schönsten Arbeitsplatz in Brunsbüttel« habe, sagt er. Seine Stammkunden, teils bis aus Hamburg, schätzen die Lage und die Atmosphäre genauso. Nicht nur an warmen Tagen. Im Winter gibt's unterm beheizten Zeltdach Glühwein und warmen Caipi am Kanal.

Beste Anbandel-Location! Aber zu gucken hat man hier ohnehin immer etwas. Unaufhörlich passieren kleine und große Schiffe die Schleusen. Im Viertelstundenrhythmus pendeln die beiden Fähren vor der Bar. Kostenlos wie überall an den 14 Fährstellen am Kanal. Ein Versprechen seit Kaisers Zeiten, weil man mit dem Bau des Kanals das Land teilte. Aber nur hier in Brunsbüttel und am Übergang Nobiskrug sind zwei Fähren im Einsatz.

Adresse Am Südkai 1, 25541 Brunsbüttel, Tel. 01522/7170590 | **Anfahrt** von der B 5 (Ausfahrt Brunsbüttel-Süd/Industriegebiet) über die Kreisstraße, den Holstendamm und die Schleswiger Straße, rechts in die Fährstraße bis zum Fähranleger | **Öffnungszeiten** täglich ab 12 Uhr, »außer bei Sturm und Regen« | **Tipp** Auf einem nicht mehr genutzten Gleisstrang am Südkai rollt eine Eisenkugel mit 4,30 Metern Durchmesser. Die Arbeit des Künstlers Diethelm Koch wird als »Assoziation von Nähe, Ferne und Unendlichkeit« interpretiert.

21___Das Elblotsenhaus

Es steht unter Denkmalschutz, aber es verfällt

In Archiven kann man noch alte Ansichtskarten finden, die zeigen, wie prächtig dieser Backsteinbau einmal gewesen sein muss. Mit mächtigen Giebeln, zwei Wintergärten und einer Haube auf dem Türmchen. Um 1895, zu Kaisers Zeiten, soll das Gebäude errichtet worden sein, als auch der Kanal eröffnet wurde. Hier, wo sich Elbe und Nord-Ostsee-Kanal treffen, war das Quartier der Elblotsen. Von hier aus haben Lotsenboote, mit Dampf betrieben, sie zu den Schiffen gebracht, die auf Hamburg zusteuerten. Hier wurden die Lotsen verpflegt, konnten ein Nickerchen machen. Sie waren von hohem Stand. Ihre Räume üppig mit Ölgemälden ausgestattet, Motive der Seefahrt natürlich.

Und heute? Steht am Ende der Mole eins eine Ruine. Das neue Lotsenhaus mit Frontverglasung und neuer Technik hat man gleich danebengesetzt, höher auf den Deich. Vom alten hatte schon der letzte Krieg nicht viel übrig gelassen. Vorübergehend haben ein Café und eine Pension sich hier versucht. An dem, was dann noch stand, haben Abrissbagger ihre Arbeit getan. Für einen Teil hat das Landesamt für Denkmalpflege Einspruch erhoben. »Das Haus ist ein Kulturdenkmal, das derzeit niemandem schadet.« Man hat um das historische Gebäude einen Bauzaun gezogen, die Fenster zugenagelt, es »vandalensicher« gemacht. Für Belüftung sei aber gesorgt.

Seither ist Stillstand. Die Stadt, die vor Jahren in einer Broschüre angekündigt hatte, das Haus wiederzubeleben, »eine Bed&Breakfast-Unterkunft für Fahrradtouristen sowie ein Museum« einzurichten, zeigt wenig Interesse. Sie müsste die Immobilie zuvor dem Land abkaufen. Der Landesdenkmalpfleger gibt die Hoffnung nicht auf: »Es kann doch gut sein, dass sich irgendwann jemand findet, der am alten Elblotsenhaus angesichts der zauberhaften Lage interessiert ist«, wird er von der Schleswig-Holsteinischen Landeszeitung zitiert. Wasserblick sei ja inklusive. Hochwassergefahr allerdings auch.

Adresse am Ende der Cuxhavener Straße, 25541 Brunsbüttel | **Anfahrt** von der B 5 (Ausfahrt Brunsbüttel-Süd / Industriegebiet) über die Kreisstraße, den Holstendamm und die Schleswiger Straße, rechts in die Fährstraße, links in die Cuxhavener Straße | **Tipp** Das hat Wummmm! An der Mole eins den PS-starken Lotsenbooten zuschauen, wie sie mit Tempo die Schiffe in der Elbemündung ansteuern.

22 Die fünfte Kammer

Bypass für die Schifffahrt

Nördlich von Ecklack am Südostufer des Kanals ist die Erde gewachsen. Auf dem Dyhrrsenmoor haben sie 1,7 Millionen Kubikmeter Erde abgekippt. Das ist so viel, wie 672 Güterzüge von je 700 Meter Länge in Schüttgutwaggons transportieren könnten. Man hat den Kleiboden aber in Lastkähnen, sogenannten Schuten, transportiert. Das Moor bei Kanalkilometer 11,5 – gezählt wird ab Brunsbüttel bis Kiel – ist Bodenlager für den Bau der fünften Schleusenkammer. Später wird man die Erde gut für die Erhöhung der Nordsee-Deiche gebrauchen können.

Das Erdreich haben sie aus einer gewaltigen Grube auf der Schleuseninsel in Brunsbüttel gebuddelt. Hier wie in Kiel (siehe Ort 55) gibt es zwei kleine Schleusen und zwei große Schleusen. An beiden Orten sind die kleinen Kammern 125 Meter lang und 22 Meter breit, die großen messen 310 mal 42 Meter. Die einen sind über 120 Jahre alt, die anderen auch schon über 100. Ein Blick in eine Seitenkammer von der Aussichtsplattform an der Brunsbütteler Schleusenausfahrt aus sagt alles über den Sanierungsstau: Die Schleusenkammern sind verfault, Mauerwerk bröckelt, oberhalb des Wasserspiegels bricht sich in den Fugen Unkraut Bahn.

Die Schleusenkammern, in denen die Schiffe abhängig vom Tidenstand der Elbe abgesenkt oder angehoben werden, kann man aber nicht einfach eine nach der anderen schließen, um sie über Jahre instand zu setzen. Der Schiffsverkehr auf der am meisten befahrenen künstlichen Wasserstraße der Welt würde zusammenbrechen. Deshalb ist die fünfte Kammer nötig. Als Bypass sozusagen. Auf der Insel zwischen den kleinen und den großen Schleusen wird sie gebaut. Ein Jahrhundertprojekt wie der Kanalbau mit seinen 98,64 Kilometern selbst. Mit 500 Millionen Euro will man auskommen. Wenn alles gut geht, könnte die fünfte Kammer, 330 Meter lang und 42 Meter breit, Ende 2021 fertig sein. Dann werden die alten Kammern saniert.

Adresse Gustav-Meyer-Platz 2, 25541 Brunsbüttel, Tel. 04852/391186 (Touristen-Info) |
Anfahrt von der B 5 (Ausfahrt Brunsbüttel-Nord) in die Fritz-Staiger-Straße, rechts in die
Ostermoorer Straße, links in die Koogstraße bis zum Ende | **Öffnungszeiten** Schleusen-
führungen Mai–Sept. Di, Do, So 14 Uhr, Treffpunkt an der Touristen-Info | **Tipp** Wo will
das Schiff hin, das in der Schleuse liegt? Was hat es geladen? Das Schleusenradar am
Yachthafen am Gustav-Meyer-Platz gibt Auskunft.

23__Der Kettenkasten

Seemannsgarn am Stammtisch der Cap Horniers

Neun Meter hohe Wellen, mörderischer Sturm, gefährliche Strömungen. Tausende sind hier ertrunken. »Die Wetterküche des Teufels« nennen Seefahrer Kap Hoorn, die Landspitze Südamerikas. Bevor der Panamakanal eröffnet wurde, war die Route ums Kap der Seeweg, um Kohle und Eisen nach Chile zu bringen und mit Salpeter und Guano als Dünger zurückzukommen. Im Winter 1905 verschwanden ein Dutzend Windjammer vor dem Teufelskap. Die Hamburger Bark »Susanne« kämpfte bei Temperaturen unter null, Vereisung, Proviant- und Wassermangel, Skorbut und Typhus an Bord 99 Tage gegen das Wetter. Charles Darwin schrieb über das Kap: »Selbst der Teufel würde in dieser Hölle erfrieren!«

Seeleute, die unter Segeln Kap Hoorn bezwungen haben, gründen 1936 im französischen Saint-Malo den Club »Amicale Internationale des Capitaines au Long-Cours Cap Horniers«. In die exklusivste Seefahrervereinigung der Welt wird nur aufgenommen, wer einen Frachtsegler heil um das Kap des Schreckens manövriert hat. Weltweit sind es wenige hundert. Ihr Wappentier ist der Albatros, der große Seevogel der Südhalbkugel, der nur zum Brüten festes Land aufsucht. Albatrosse nennen sich auch die Männer der Bruderschaft der Cap Horniers. Die chilenische Dichterin Sara Vial schreibt über den Albatros: »Ich bin der Albatros, der am Ende der Welt auf Dich wartet. Ich bin die vergessene Seele der toten Seeleute, die Kap Hoorn ansteuerten von allen Meeren der Erde. Heute fliegen sie auf meinen Flügeln in die Ewigkeit.«

Als 1955 die deutsche Sektion der Cap Horniers gegründet wird, sind 21 Kapitäne aus Brunsbüttel dabei. Sie treffen sich alle vier Wochen bei Fritz Ertelt. Im Keller hat er den Kettenkasten eingerichtet, benannt nach dem Lagerraum für die Ankerkette am Bug eines Schiffes. Der Kettenkasten wird der Stammtisch der Kap-Hoorn-Helden. Als Käpt'n Ertelt stirbt, wird der Kettenkasten im Heimatmuseum wiederaufgebaut.

Adresse Markt 4, 25541 Brunsbüttel, Tel. 04852/51222 | **Anfahrt** von der B 5 (Ausfahrt Brunsbüttel-West) über die Marner Chaussee, den Ochsenmarkt und die Reichenstraße bis zum Markt, links kleiner Parkplatz vor der Tür | **Öffnungszeiten** März–Nov. Di, Do, Sa und So 14.30–17.30 Uhr, Mi 10–12 Uhr, Dez.–Feb. für Gruppen nach Vereinbarung | **Tipp** Museales auch an der frischen Luft: der Skulpturenpark rund um die Kirche am Markt.

24__Das Marktgeviert

Und noch einmal von vorn

Vom alten Brunsbüttel, erstmals erwähnt 1286, als man dem Erzbischof von Bremen untertan war, ist nichts geblieben. Elbe-Hochwasser fraßen sich immer tiefer ins Land und holten sich schließlich das ganze Dorf. Man hatte das aber kommen sehen und deshalb zuerst den Friedhof landeinwärts verlegt. Der reiche Bauer Matthias Boie stiftete das Gelände. Der Schulmeister steckte wie mit dem Lineal im rechten Winkel zueinander Wege ab, die sich am Bewässerungssystem der Marschen von Nordwest nach Südost orientierten. Hier siedelten die Menschen, mittendrin wurde die Jakobuskirche gebaut. Das ist das Markgeviert, der historische Kern von Brunsbüttel. Mit Kopfsteinpflaster befestigt, von Linden gesäumt.

Keine 50 Jahre nach dem Umzug fegte 1719 ein Unwetter biblischen Ausmaßes über den neuen Ort. Blitze jagten in die Bauten, im Feuersturm blieb keines der Häuser unversehrt. Auch die Kirche brannte mit ihrem Inventar bis auf die Grundmauern nieder. Man fing wieder ganz von vorn an. Die ältesten erhaltenen Häuser sind das Pastorat von 1772 (Markt 21), die Mädchenschule (Markt 20), das Biedermeierhäuschen (Markt 23), das Haus des Malermeisters Opa Scharp (Markt 17) und das Doktorhaus (Sackstraße 1). Das Fachwerkhaus Markt 12 ist das Boie-Haus, benannt nach dem Stifter des Areals. Der Diakon der Kirche hat hier gewohnt, dann war es Sparkasse. In den unteren Räumen ist jetzt ein Café. Der dreifach vorspringende Giebel fällt auf und die spätbarocke, geschnitzte Tür mit Oberlicht. Das Haus ist das schönste des Ensembles.

Die Kirche hatte man nach der Feuersbrunst bereits 1724 wiederaufgebaut. Der Altar im Knorpelbarockstil stammt aus der Glückstädter Schlosskirche. Die Königsloge ist dem Landesherrn Friedrich IV. gewidmet, er hat sie aber nie betreten. Der Friedhof, einst von einem Wassergraben umgeben, wurde mit all den alten Grabsteinen an die Deichstraße verlegt.

Adresse Markt, 25541 Brunsbüttel | **Anfahrt** von der B 5 (Ausfahrt Brunsbüttel-West) über die Marner Chaussee, den Ochsenmarkt und die Reichenstraße bis zum Markt | **Öffnungszeiten** Kirche: Mo–So 8–17 Uhr, Café: Mi–So 9.30–12 und 14.30–18 Uhr | **Tipp** Rechts vom Matthias-Boie-Haus führt der Fußweg Karkenstieg bis zum Elbedeich.

25__Die Schutzzone

Lebensretter für die Festmacher

In diesem Fall sind Minuten, sind Sekunden wichtig. Am 28. Oktober 2008 liegt die »Covadonga«, ein Chemikalientanker, mit der Backbordseite, der linken, in der Südschleuse in Brunsbüttel fest. Es ist 19 Uhr. Leicht versetzt hinter dem Schiff an der gegenüberliegenden Kaimauer die »Lister«, ein Säuretanker. Die »Covadonga« ist mit drei Leinen gesichert: Vorderleine, Achterleine und Vorspring, die schräg vom Bug zum Poller an Land in Heckhöhe verläuft. Das Schleusentor zur Elbe hin ist jetzt offen. Um 19:12:20 Uhr nimmt die »Lister« Fahrt, sie soll als Erste die Schleuse verlassen. »Dead slow ahead« und »slow ahead« sind die Fahrstufen zum Ablegen und Manövrieren. In der Schleuse entstehen sogenannte hydrodynamische Massen. Sie ziehen die noch gesicherte »Covadonga« erst nach hinten, schieben sie beim Vorbeifahren an der »Lister« nach vorn. 19:14:55 Uhr – ein Knall wie ein Gewehrschuss.

Um 19:15:40 Uhr meldet die Brücke der »Covadonga«: »Die Spring ist gebrochen. Ein Mann ist von der Pier gefallen. Der muss verletzt sein. Da rührt sich nichts!« Die Leine ist gerissen. Hat einen sogenannten Festmacher, auch Schleusendecksmann genannt, der die Schiffsleinen auf die Poller hakt, am Unterschenkel getroffen und in die Tiefe gerissen. Der Mann treibt kopfunter im Wasser. Andere Festmacher eilen nach unten, ziehen den Kollegen heraus. Er blutet stark aus der Nase und den Ohren. Sie versuchen, ihn zu reanimieren. Um 19.35 Uhr ist der Notarzt da. Um 20 Uhr ist der Mann tot. Eine Obduktion genehmigt der Staatsanwalt nicht. Es wird nie geklärt, ob der Mann ertrunken oder verblutet ist.

Um die Festmacher besser zu schützen, hat man in den Schleusen Brunsbüttel und Kiel Schutzzonen errichtet. Beim ersten verdächtigen Geräusch in den strapazierten Leinen sollen sie sich in die gelben Häuschen retten. Bei Leinenbrüchen wurden schon drei Festmacher getötet und viele verletzt.

Adresse Brunsbüttel: Gustav-Meyer-Platz 2, 25541 Brunsbüttel; Kiel: an der Uferstraße, 24106 Kiel | **Anfahrt** Brunsbüttel: von der B 5 (Ausfahrt Brunsbüttel-Nord) in die Fritz-Staiger-Straße, rechts in die Ostermoor Straße, links in die Koogstraße bis zum Ende; Kiel: von der B 503 in die Prinz-Heinrich-Straße, links in die Schleusenstraße, rechts in die Uferstraße | **Tipp** Dicke Pötte. Segelboote. Fähren. Es geht eng zu in Brunsbüttel vor dem Schleusentor zum Kanal (Yachthafen, Gustav-Meyer-Platz).

26 Der Startplatz von Grete

Mit der Fähre über die Elbemündung

Norddeutschland steckt immer im Stau. Selbst verursacht. Um vorausschauende Infrastrukturpolitik haben Politiker in den vergangenen Jahrzehnten einen weiten Bogen gemacht. In den 90er Jahren wurde in der Euphorie der Wiedervereinigung die Autobahn 20 durch Mecklenburg-Vorpommern verlegt, sie sollte den Verkehr aus Polen und dem Baltikum an Hamburg vorbei über eine feste Elbquerung nach Niedersachsen und ins Ruhrgebiet leiten. Aber seit der Asphalt Schleswig-Holstein erreicht hat, ist man nur wenige Kilometer weitergekommen. Vom Nadelöhr Hamburger Elbtunnel mit seinen Großbaustellen nördlich davon mag niemand mehr etwas hören. Die halbstündliche Nachricht im Verkehrsfunk »An der Fähre von Glückstadt nach Wischhafen eine Stunde Wartezeit« nervt. Da setzt man große Hoffnungen auf die neue Fährverbindung 30 Kilometer elbabwärts von Brunsbüttel zum Cuxhavener Steubenhöft.

Mit einem Fischkutter richtete die Cuxhavenerin Grete Handorf schon nach dem Ersten Weltkrieg eine Fährverbindung zwischen den beiden Orten an der Elbemündung ein. »Grete« hieß das Schiffchen. Wenig später fuhr ein zweiter Kutter mit dem Namen »Anne-Marie« auf der Route. »Grete« und »Anne-Marie« heißen auch die beiden Doppelendfähren, die Elb-Link, ein Tochterunternehmen der estnischen Reederei Saaremaa, seit Kurzem im Pendelverkehr auf die 25-Kilometer-Strecke schickt. 80 Minuten brauchen sie dafür. Doppelendfähren haben vorn wie hinten eine Klappe, die schon beim Anlegen nach unten fährt. Das verspricht einen zügigen Fahrzeugwechsel.

Frühere Versuche, zwischen Brunsbüttel und Cuxhaven einen ständigen Fährverkehr aufrechtzuerhalten, sind immer wieder gescheitert. Nicht rentabel. Bei einer Auslastung von jährlich 265.000 Autos, 48.000 Lastwagen und 625.000 Passagieren hat ein Gutachten aber einen wirtschaftlichen Betrieb vorhergesagt. Man arbeitet daran. Elb-Link setzt vor allem auf den Schwerlastverkehr.

Adresse Zum Elbdeich, 25541 Brunsbüttel, Tel. 04721/3006300 (Reederei) | **Anfahrt** von der B 5 im Kreisverkehr in die Marner Chaussee, nach 500 Metern rechts | **Fährzeiten** aktuelle Info unter www.elb-link.de | **Tipp** Mal rübermachen! Im Wrack- und Fischerei-mueum »Windstärke 10« in Cuxhaven kann man gesunkenen Schiffen auf den Grund gehen (Ohlroggestraße 1, Tel. 04721/70070850, Öffnungszeiten: April–Okt. Mo–So 10–18 Uhr, Nov.–März Di–So 10–17 Uhr).

27__Die Verkehrszentrale

Arbeitsplatz der Kanal-Regisseure

Verdunkelnde Panoramaverglasung, Funk- und Radaranlagen. Der Leitstand sieht aus wie ein Flughafen-Tower, nur tiefer gelegen. Hinter den Scheiben Bildschirm neben Bildschirm. Moderne Informationstechnologie. Das Schiffsdatenverarbeitungssystem vor allem. Es erfasst alle relevanten Merkmale: Länge und Breite eines Schiffes, Tiefgang, Art der Ladung, Kennung, Position und Geschwindigkeit. Zudem sind die Schiffe je nach Größe in sogenannte Verkehrsgruppen eingeteilt. Mit all diesen Daten wird berechnet, wo es eng werden könnte im Kanal, denn nicht überall können sich größere Schiffe begegnen.

Die Verkehrslenker im Leitstand, oft Wirtschaftsingenieure für Seeverkehr, informieren die Kapitäne, Lotsen und Kanalsteuerer auf den Schiffen alle 30 Minuten über die Verkehrssituation auf der meistbefahrenen künstlichen Wasserstraße der Welt. Das erinnert dann an Verkehrsnachrichten im Autoradio. »Hier ist Kiel Kanal zwei mit dem Sammelanruf, es ist 7.45 Uhr. Die Verkehrslage ostwärts: Verkehrsgruppe vier ›Götland‹, Tiefgang 6,9 Meter, um 7.34 Uhr ab Schleuse. Die ›Götland‹ erhält in Kudensee eine Wartezeit und liegt vor Signal. Ende der Durchsage.« Heißt: Das Containerschiff »Götland«, mit 138 Meter Länge und 22 Meter Breite der Verkehrsgruppe vier zugehörig, ist zu groß, als dass es gefahrlos an einem Schiff ähnlicher Größe vorbeifahren könnte. Auf der Fahrt Richtung Kiel wird es an der Ausweichstelle Kudensee, einer sogenannten Weiche (siehe Ort 32), warten und ein entgegenkommendes Schiff passieren lassen.

Mit Hilfe des Schiffsdatenverarbeitungssystems erstellen die Verkehrslenker den optimalen Passageplan für die Schiffe. Sicherheit geht vor, aber auch größtmögliches Tempo ist wichtig. Schnell dürfen die Schiffe ohnehin nicht fahren, maximal 15 Kilometer in der Stunde. Schiffe mit mehr als 8,5 Meter Tiefgang nur zwölf. Kein Kapitän möchte dahinter herbummeln.

Adresse Schleuseninsel, 25541 Brunsbüttel | **Anfahrt** von der B 5 (Ausfahrt Brunsbüttel-Süd/Industriegebiet) über die Kreisstraße, den Holstendamm und die Schleswiger Straße, rechts in die Fährstraße, links in die Cuxhavener Straße | **Öffnungszeiten** Die Schleuseninsel mit der Verkehrszentrale ist Sperrgebiet. Bester Blick von der Cuxhavener Straße. | **Tipp** Gute Infos zum Kanal gibt's im Atrium auf der anderen Seite der Schleuseninsel (Gustav-Mayer-Platz, Öffnungszeiten: 15. März–15. Nov. 10.30–17 Uhr).

28__Die Carlshütte

Wirkungsvolle Bühne für internationale Kunst

Eiserne Affenmenschen, dreieinhalb Meter hoch, 36 an der Zahl. Einige blicken fragend in den Himmel. Der Kommentar zur Weltlage des chinesischen Künstlers Liu Ruowang. Oft werden solche spektakulären Figuren bei der jährlichen Kunstausstellung NordArt inszeniert. Auch viele Gemälde sind großformatig. Filigranes aus Porzellan gibt es aber auch. Die NordArt ist eine der größten Präsentationen internationaler Kunst in Europa. 4.500 Künstler bewerben sich jedes Jahr, 250 werden eingeladen. Die NordArt wird mit der Biennale in Venedig verglichen.

Die historischen Hallen der Eisengießerei Carlshütte bieten der Ausstellung eine beeindruckende Kulisse. Ein Skulpturenpark schließt sich an, es werden aber auch kleinere Räume bespielt. Früher wurden in der Carlshütte Dampfmaschinen und landwirtschaftliche Geräte hergestellt, später Öfen und emaillierte gusseiserne Badewannen. Als der Betrieb 1997 stillgelegt wird, kauft das Unternehmerehepaar Johanna und Hans-Julius Ahlmann die Gießereihallen und die historischen Wohn- und Wirtschaftsgebäude. Zusammen mit den Städten Büdelsdorf und Rendsburg entsteht die Kulturinitiative »Kunstwerk Carlshöhe«. Mit dem befreundeten Künstler Wolfgang Gramm ruft Ahlmann die NordArt ins Leben. Aber auch anderes findet statt. Günter Grass und Siegfried Lenz haben hier gelesen. Die internationale Orchesterakademie des Schleswig-Holstein Musikfestivals probt und tritt in der alten Thormannhalle auf.

Manche Kunstwerke der NordArt verbleiben später im öffentlichen Raum. Büdelsdorf und Rendsburg sind voll damit. Überall sind die bunten, viereinhalb Meter hohen Stahlsilhouetten einer Frau mit blankem Busen und vorgestrecktem Po der Künstlerin Inga Aru zu finden. »Dresscode« hat Tobias Zaft seine LED-Installation genannt, Unterwäsche aus Acrylglas hängt an einem Stahlseil. Der Künstler fragt sein Publikum: »Wie privat ist die Öffentlichkeit?«

Adresse Vorwerksallee, 24782 Büdelsdorf, Tel. 04331/354695 | Anfahrt von der A 7 (Ausfahrt Rendsburg/Büdelsdorf) auf der B 203 Richtung Rendsburg, am Ortsende von Büdelsdorf auf der linken Seite | Öffnungszeiten NordArt Anfang Juni–Anfang Okt. Di–So 11–19 Uhr, Ausstellungscafé Alte Meierei Di–So 12–19 Uhr | Tipp Das Eisenkunstgussmuseum zeigt Objekte ab dem 15. Jahrhundert (Ahlmannallee 5, Tel. 04331/4337022, Öffnungszeiten: Di–Sa 12–17 Uhr, So 10–17 Uhr).

29___Das Burger Fährhaus

Neuanfang zwischen Nostalgie und Moderne

Erste Sahne war diese Lage immer. Das Fährhaus ist so alt wie der Kanal selbst, wurde 1895 gebaut. Auch hier teilte die Wasserstraße plötzlich die Landschaft, wenn auch kein gewachsener Ort in zwei Teile gerissen wurde. Aber eine neue optische Grenze gab es plötzlich. Auf der nordwestlichen Seite Dithmarschen, südöstlich die Wilstermarsch. Von Anfang an war auch an diesem Ort eine Fährstation geplant. Überfahrt kostenfrei. Schließlich galt das Versprechen des Kaisers, dass es nicht zum Nachteil der Menschen sein sollte, wenn man ihre Heimat in zwei Teile zerlegte.

Immer schon hat man also hier beste Aussicht auf die Schiffe im Kanal und den Fährbetrieb gehabt. Lange pendelten Kettenfähren (siehe Ort 35). Mit wechselnden Besitzern hatte das Fährhaus eine wechselhafte Geschichte. Zuletzt war sie unrühmlich. Es war geschlossen, die Bausubstanz verfiel, es wurde zum Verkauf angeboten – wenn sich dafür ein Mutiger fände.

Eines Tages radeln Veronika und Kai Röttger, der Familie in der Region hat, am alten Fährhaus vorbei. »Das ist es«, denken beide sofort. Er ist Betriebswirt und Unternehmer, sie hat Hotelmanagement und Köchin gelernt. Auch die Eltern haben ein Hotel. Sie wollte immer auf einen Bauernhof, er etwas mit Wasserlage. Das Fährhaus war ein Kompromiss.

Die Röttgers können das Anwesen kaufen, misten rigoros aus, bauen innerhalb der Grundmauern alles neu auf. Sechs Gästezimmer werden eingerichtet, die nicht nur bei Radwanderern beliebt sind. Kuscheliger Wohlfühlplatz an kühlen Tagen wird ein großer Kachelofen im lichten Gastraum. Eingerichtet in einer Mischung aus Nostalgie und Moderne. Mit ausgesuchten Möbeln aus dem Biedermeier und der Jugendstilzeit. Schiffe und Fähre immer im Blick. Auch von der großzügigen Terrasse aus, unter stramm gewachsenen alten Bäumen. Saisonal Herzhaftes wird aufgetragen, Kaffee und Kuchen. Gerne mit Sahne.

Adresse Hafenstraße 48, 25712 Burg, Tel. 04825/2417 | **Anfahrt** auf der B 431 von Meldorf nach Hochdonn, rechts in die Burger Straße und Hochdonner Chaussee, weiter in die Straße Hinter der hohen Burg, links in Burgstraße und Hafenstraße | **Öffnungszeiten** April–Okt. Mo–So 8.30–22 Uhr, Nov.–März Mo–Do 15–22 Uhr, Fr–So 8.30–22 Uhr | **Tipp** Mal weg vom Wasser: Auf dem Wulfsboom in Burg liegt das Waldmuseum (Obere Waldstraße, Tel. 04825/2985, Öffnungszeiten Karfreitag–Ende Okt. Di–So 11–17 Uhr).

30__Dat lütte Café
Köstlichkeiten im Kutscherhaus

Was war das für ein heruntergekommener Schuppen. Nun gut, das Fachwerkhaus war alt, 1749 gebaut. Erst war es Kutscherhaus eines Bauernhofes. Dann lagerte man Holz und Essig darin. Später war es Schusterstube. Dann stand es leer, einer Ruine ähnlich. »Die Leute haben mich für verrückt erklärt«, sagt Sabine Gerbinski. Aber da hatte sie, die als Dessous-Fachberaterin nach Burg gekommen war, sich schon in das Haus verliebt. Jetzt strahlt es, einer Perle gleich. Nur 24 Plätze hat Dat lütte Café und 30 weitere, locker gestellt, im Garten unter hohen Bäumen.

Viel hat Sabine Gerbinski selbst gemacht. Dabei darauf geachtet, »den Charakter des Arme-Leute-Hauses zu erhalten«. Handwerklich ist sie geschickt, mit dem Vater hat sie früher Autos restauriert. Mit wenig Geld sei sie ausgekommen. Alte Möbel, die sie fand, hat sie liebevoll aufbereitet. Hat aus Bettgestellen gemütliche Sitzbänke gebaut. Wie die unter dem Vordach des grünen Schuppens im Garten. Das Kopfteil ist jetzt Rückenlehne, das Fußteil hat sie zu Armlehnen verbaut. Einer ihrer Lieblingsplätze und auch der ihrer Gäste.

Willkommen zu Hause! »Die Gäste sollen sich so wohlfühlen, als wenn sie bei der Oma zu Besuch wären.« Die Leute kommen als Urlauber, als Stammgäste, aus Hamburg und aus Dänemark, Mitglieder eines Schweizer Motorradclubs sind darunter und Heavy-Metal-Fans vom Wacken Open Air auch. Wie gut die Kuchen und die Torten sind, hat sich herumgesprochen. Die Kartoffeltorte mit Vanillecreme, die Sherrytorte und die Buchweizen-Preiselbeer-Torte auf Joghurtbasis. Alle selbst gemacht, obwohl die Kaffeehaus-Betreiberin bis zur Eröffnung noch nie eine Torte gebacken hatte.

Den Namen ihres Cafés hat sie sich beim Patent- und Markenamt in München schützen lassen. Weibliche Gäste können in einem Nebenraum Dessous und Mieder anprobieren. Vielleicht besser, bevor sie von der Eierlikörtorte naschen.

Adresse Krenzerstraße 1, 25712 Burg, Tel. 04825/923938 | **Anfahrt** auf der B 431 von Meldorf nach Hochdonn, rechts in die Burger Straße und Hochdonner Chaussee, weiter in die Straße Hinter der hohen Burg, rechts in die Burgstraße, auf der linken Seite | **Öffnungszeiten** Mi – So 14 – 18 Uhr, im Winter Fr – So | **Tipp** Von der Krenzerstraße in die Große Bergstraße: Haus Nummer 11 ist das älteste in Burg, vor 400 Jahren für den Diakon gebaut.

31__Die Neulandhalle

Große Chance für einen »historischen Lernort«

Als im August 1935 der Adolf-Hitler-Koog eingeweiht wird, den man als Neuland der Nordsee abgerungen hat, reist der Führer persönlich an. Er will ein Zeichen setzen mit seinem Koog. Das Zeichen einer nationalsozialistischen Mustersiedlung mit Bauern und Handwerkern in germanischen Häusern, ein Zeichen seiner Politik von Blut und Boden. Die 93 Siedlerfamilien für die neuen Höfe sind handverlesen. Eine »arische Volksgemeinschaft« sollen sie werden inmitten einer Region, von der das Landesmuseum Dithmarschen sagt, sie tue »sich bis heute schwer mit ihrer Vergangenheit als brauner Leuchtturm in Schleswig-Holstein«. Die Siedler müssen überzeugte Nationalsozialisten sein. Ihre Parteibücher haben niedrige Mitgliedsnummern.

Hitler legt auch den Grundstein für die Neulandhalle, gebaut im Stil völkisch-militanter Kunstauffassung des NS-Staats. Den Eingang säumten monumentale Wächterfiguren, Soldat und Deichbauer. Das Haus wurde Schulungsort der Siedler. Die Figuren und den Hakenkreuzadler über dem Portal hat man nach dem Krieg entfernt, den Koog in Dieksanderkoog umbenannt. Betritt man die Halle, vermittelt die in Stufen sich erhöhende Decke einen erhebenden Eindruck. Der »Flammen-Altar« an der Stirnseite ist noch da, ein offener Kamin. Ein Fresko zeigt kraftstrotzende Menschen bei der Feldarbeit. Das Gebäude war später mystisches Gasthaus, die Krabbenbrote der Wirtsleute galten als die besten im Land. Dann hat die evangelische Kirche die Neulandhalle als Jugendfreizeitzentrum genutzt. Seit 2011 steht sie leer.

Was tun mit diesem Stückchen Geschichte zwischen Kohlkopffeldern? Der Historiker Uwe Danker hat ein Konzept für einen »historischen Lernort« vorgelegt. Er sagt: »Man kann die damalige Zeit nur verstehen, wenn man die Verheißungen der NS-Zeit wahrnimmt.« Das Leben der Wikinger im Land sei gut dokumentiert, für die Zeitgeschichte fehlten museale Angebote.

Adresse Ecke Franzosensand / Neulandstraße, 25718 Dieksanderkoog | **Anfahrt** von der B 5 in Marne in die Wilhelmstraße und die Nordseestraße, rechts in die Hauptstraße bis Dieksanderkoog, links in die Neulandstraße | **Öffnungszeiten** nur von außen anzusehen | **Tipp** Vom Deich aus ist bei guter Sicht Mittelplate gut zu erkennen. Die Bohrinsel im Wattenmeer liegt über Deutschlands größtem Ölreservoir.

32__Die Weiche

Maschinen stopp!

Genau 98,637 Kilometer ist der Kanal lang, man zählt ab der Schleuse Brunsbüttel. Aber nur auf 80 Kilometern ist er gut ausgebaut. Auf 18 Kilometern der Oststrecke bis zur Schleuse Kiel verläuft er noch in seinem Kanalbett von 1914. Der Wasserspiegel ist hier 102 Meter weit, die Sohle in elf Metern Tiefe hat nicht mehr als 44 Meter. Die Strecke ist kurvig. Sie soll begradigt und verbreitert werden. Ein Jahrhundertprojekt. Es soll länger dauern als der Bau des Kanals selbst, acht Jahre waren das. Ein hoher dreistelliger Millionenbetrag ist eingeplant.

Wo es eng wird im Kanal, müssen große und kleine Schiffe stoppen und entgegenkommende passieren lassen. Das wird nach einem ausgeklügelten System von der Verkehrszentrale in Brunsbüttel aus für die gesamte Kanalstrecke gesteuert (siehe Ort 27). Dafür werden die Schiffe nach Länge, Breite und Tiefgang sechs Verkehrsgruppen zugeordnet. In Gruppe eins sind die kleinsten Schiffe, bis 45 Meter Länge, bis 3,1 Meter Tiefgang. In Gruppe sechs die größten: bis 235 Meter, tiefer als 9,5 Meter geht nicht. Begegnen sich zwei Schiffe, wird eine Begegnungsziffer errechnet. Je nach Ausbau der Strecke bietet der Kanal Platz für Begegnungen der Summe sechs bis acht. Drei und drei geht also noch. Drei und vier manchmal nicht mehr. Für Gefahrguttransporte gelten besondere Regeln.

Zwölf Ausweichstellen sind eingerichtet, Weichen genannt. Hier warten die Schiffe. Signalmasten, Verkehrsampeln gleich, regeln den Verkehr. Drei rote Balken bedeutet: Stopp für alle Fahrzeuge, selbst eine Nussschale muss anhalten. Ein grüner Balken heißt: Ausfahrt für alle Fahrzeuge.

30.000 bis 35.000 Schiffe pro Jahr nutzen die Abkürzung zwischen den Meeren. Nur halb so viele passieren den Sueskanal, nur 13.000 den Panamakanal. Größere Schiffe schleppen jedoch dort deutlich mehr Fracht. Die Tonnage steigt aber auf dem Nord-Ostsee-Kanal von Jahr zu Jahr.

Adresse Kanalufer, 25725 Schafstedt-Dückerswisch | **Anfahrt** von der B 431 nach
Süderhastedt und Hochdonn, von der Hauptstraße links in die Alte Dorfstraße, rechts in
die Straße Zur Holstenau, parken am Campingplatz, 500 Meter zu Fuß am Kanaluferweg
Richtung Norden | **Tipp** Der Kanal hat hier das Flüsschen Holstenau in drei Teile zer-
schnitten. Südlich des Campingplatzes ist an einem Schöpfwerk ein Übergang zum Kanal.

33 Die Siegfried-Werft

Bauplatz für die stolze Kutter-Flotte

Waren das böse Vorzeichen? Anfang November 1872 bläst ein heftiger Sturm aus Südwest tagelang über die Ostseeküste, treibt das Wasser zum Baltikum. Dort staut es sich zu ungewöhnlichen Höhen, an den dänischen und deutschen Küsten dagegen extremes Niedrigwasser. Wasser aus der Nordsee strömt nun in die Baltische See. Dann, am 10. November, flaut der Wind ab und dreht – um mit zerstörerischer Kraft zurückzukommen. Ein Orkan aus Nordost peitscht Wasserberge vor sich her. Eckernförde an der weit geöffneten Bucht trifft es am schlimmsten. Am Morgen des 13. wird der Steindamm, der die Altstadt und den Stadtteil Borby verbindet, innerhalb einer Stunde weggespült. Das Wasser steigt auf 3,15 Meter über Normalnull, die Wellen sind höher. Die Menschen klettern auf die Dachböden, um nicht zu ertrinken. Als das Wasser abfließt, sind der Strand und die Straßen angefüllt mit Trümmern, Hausrat, toten Tieren. 122 Häuser sind zerstört, 137 unbewohnbar, 400 Menschen obdachlos.

Soldaten bauen eine Pontonbrücke, um Borby wieder mit der Altstadt zu verbinden. Im Dezember wird eine hölzerne Notbrücke über den Hafen geschlagen. Schnell gewöhnen sich die Bürger an den verkürzten Weg, als Klappbrücke ist er erhalten geblieben. Am nördlichen Zugang steht leuchtend rot die Siegfried-Werft. Im vergangenen Jahrhundert hat man hier Fischkutter und Ausflugsboote gebaut. Dann wurde sie abgerissen, die Fassade des neuen Gebäudes aber dem Original nachempfunden. Die Siegfried-Werft ist heute Hotel und Restaurant. Von der Terrasse aus hat man einen guten Blick auf das Geschehen im Hafen.

Früher haben Kutter das Bild bestimmt. Ein Drittel der Bevölkerung hat einmal vom Fischfang und der Fischverarbeitung gelebt. Von der stolzen Flotte ist eine Handvoll Boote übrig geblieben. Dorsch, Seelachs, Scholle verkaufen die Fischer frisch vom Kutter an der südlichen Hafenmole. Meist vormittags.

Adresse Vogelsang 12, 24340 Eckernförde, Tel. 04351/75770 | **Anfahrt** von der B 76 in die Noorstraße, am Ende links in die Gaehtjestraße, rechts in die Straße Vogelsang | **Öffnungszeiten** April–Okt. Mo–So 12–21.30 Uhr, Nov.–März 12–14 und 17.30–21.30 Uhr (Restaurant) | **Tipp** Von der Brücke in die Frau-Clara-Straße: Am Haus Nummer 12 zeigt eine Markierung in Kopfhöhe, wie hoch das Wasser stand. Die Flut von 1872 war das schwerste bekannte Hochwasser an der Ostseeküste.

34_ Die Dusenddüwelswarf

Der heldenhafte Kampf der tapferen Bauern

Es ist der 17. Februar des Jahres 1500. Die Bauernrepublik Dithmarschen scheint schon geschlagen. Sechs Tage zuvor hat König Johann von Dänemark angreifen lassen, um das Land seinem Reich einzuverleiben. Voran die berüchtigte »Große Garde«, 4.000 Mann, skrupellose Söldner. Dahinter die Landwehr mit Bürgern und Bauern, adelige Ritter in schwerer Rüstung, die Artillerie und der Versorgungstross. 12.000 Kämpfer insgesamt. Meldorf haben sie schon eingenommen. Wer nicht fliehen konnte, Alte, Kranke, Frauen mit Säuglingen, wurde niedergemetzelt. Die Kirche geplündert.

Jetzt will Johann alles. Er lässt weiter nach Norden vorrücken. Dass Tauwetter den Boden aufgeweicht hat, dass die Landsknechte im Matsch stecken bleiben, dass steifer Nordwestwind Schneeregen ins Gesicht bläst, dass aus dem Triumphzug ein Höllenmarsch wird, hält ihn nicht auf. Die Dithmarscher Bauern, nicht einmal halb so viele, versuchen in letzter Verzweiflung, die Feinde zu stoppen. Nördlich von Epenwöhrden bauen sie über Nacht eine Schanze, empfangen die Angreifer mit Kanonenfeuer – und greifen zu einem Trick: Im Seedeich öffnen sie die Sielschleusen, die Mittagsflut strömt ins Land, unaufhörlich steigt das Wasser in den Gräben. Kein Problem für die Ortskundigen. Ihre Lanzen nutzen sie als Springstöcke, hüpfen damit über die Gräben. Das Heer des Königs aber gerät in Panik, drängt im Chaos zurück. In nur drei Stunden sterben 4.000 Menschen. »Wer nicht totgetrampelt wurde, ertrank. Wer nicht ertrank, wurde erschlagen«, hat ein Zeitzeuge notiert. Den toten Gardisten nehmen die Sieger Waffen und Kleider, verscharren sie dann. Die gefallenen Ritter werden nackt Vögeln und Hunden überlassen.

Zum 400. Jahrestag des Befreiungskampfes hat man nahe des Schlachtfeldes auf der Dusenddüwelswarf (Tausendteufelswarft) ein monumentales Denkmal errichtet als »Sinnbild der alles zermalmenden Dithmarscher Volkskraft«.

Adresse Dehling, 25704 Epenwöhrden | **Anfahrt** auf der B 5 von Meldorf nach Hemmingstedt, nach Epenwöhrden links in die Straße Dehling, ist ausgeschildert | **Tipp** Einkaufen im Bioland-Hofladen, eine Einrichtung der »Stiftung Mensch für Mitarbeiter mit Handicap« (Epenwöhrdenerfeld 21, Tel. 0172/4394238, Öffnungszeiten Mo – Do 8 – 12 und 13 – 16 Uhr, Fr 8 – 13 Uhr).

35_Die Kettenfähre

Fährmann Hinne Fock zog sie übers Wasser

Das »technische Denkmal« verfällt. Dabei ist es doch das einzige seiner Art, das geblieben ist! Schäbig und schmutzig liegt es an Land. Rost frisst sich gierig durch die einst strahlend weißen Decksaufbauten und den rot-schwarzen Rumpf. Besucher können es über eine Treppe besteigen, sie stehen dann wie auf einer Aussichtsplattform. Oder sie kriechen unter dem Schiff hindurch, denn man hat das Museumsstück auf acht Betonklötzen aufgebockt. Baumuster SF 80, in der Rendsburger Werft Saatsee 1950 auf Kiel gelegt, war eine von etlichen Kettenfähren, die früher den Nord-Ostsee-Kanal querten. »Fischerhütte«, ihr Name, prangt noch am Führerhaus. So heißen auch der Ort und die Fährstation bei Kanalkilometer 35,6.

Eine Kettenfähre kann nicht frei im Gewässer manövrieren. Sie wird an einer Kette geführt, die auf der Sohle eines Flusses oder Kanals von Ufer zu Ufer verläuft. So ist sie fest mit beiden Ufern verbunden. Mit eigenem Antrieb zieht sie sich an der Kette entlang. Durch einen Glaseinsatz im Boden des Denkmals Fischerhütte könnte man diesen Antrieb studieren – wenn er denn noch durchsichtig wäre. Die Fähre ist 24 Meter lang und neun Meter breit, hatte nur 90 Zentimeter Tiefgang. All die 40 Jahre ihrer Betriebszeit hatte Hinne Fock als Fährmann das Kommando an Bord. Auch nachdem man seine Fähre 1992 als Denkmal an Land setzte, hat er sich mit viel Hingabe um sie gekümmert. Hätte ihr heutiges Aussehen nie zugelassen.

Die neue, frei fahrende Fähre in Fischerhütte heißt »Swinemünde«. Sie ist die einzige der 14 Kanalfähren, die nicht rund um die Uhr unterwegs ist. Vor wenigen Jahren kam der britische Frachter »Kitty C« im Kanal vom Kurs ab, rammte die Fährstelle, beschädigte die Fähre. Kapitän und Decksmann konnten sich retten, Passagiere waren nicht an Bord. Auch die »Fischerhütte« überstand eine Havarie. Aber so übel wie heute sah sie damals nicht aus.

Adresse Ende der Hauptstraße, südliches Kanalufer, 25557 Steenfeld-Fischerhütte |
Anfahrt von der B 77 nach Lütjenwestedt und Hanerau-Hademarschen, weiter Richtung
Offenbüttel | **Öffnungszeiten** Fährzeiten Mo–So 6–22 Uhr | **Tipp** In ihrer Servicestation
Fischerhütte verkauft Helga Kühl Backfisch und Bismarckbrötchen. Bei Krabbenbrötchen
stets nach dem Preis fragen! Es wurden andernorts schon zehn Euro dafür verlangt.
Krabben sind rar. (März–Okt. Mo–Fr 12–20 Uhr, Sa, So 10.30–21 Uhr).

36 Die Große Breite
Abschalten zwischen Röhricht und Raps

Der Mann schaut sehnsüchtig. Er hat das »Plopp« der Bier-Bügel-flasche vernommen, die man zum Feierabend mitgebracht hat. Und er? Hat sich mit seinen zwei Kindern abgestrampelt über den Rad-wanderweg bis hierher. Leider hat er vergessen, neben der Limo auch etwas Gekühltes für sich selbst in den Picknickkorb zu packen. Hätte man eine zweite Bügelflasche dabei, würde man gerne anstoßen mit dem Dürstenden. Sorry!

Die Große Breite ist ein Ort zum Abhängen. Wo das Röhricht das Ufer der Schlei freigibt, sitzt man nach kurzem Fußweg vom Parkplatz aus im Gras oder auf feinem Sand. Im Rücken der Hol-mer See. Vor sich das sanfte Schlagen der Schlei-Wellen bei feiner Brise aus Nordwest. Wasserblick fast bis zum Horizont. Vor dem gegenüberliegenden Ufer des Ostsee-Meeresarms die winzige In-sel Hestholm, auf der im Frühjahr Kormorane nach dem Jagen ihr Gefieder trocknen. Sie taucht nur noch bei niedrigem Wasserstand auf. Links versinkt malerisch die Sonne. An lauen Spätsommer-abenden kann man hier lange ganz allein sein. An wärmeren und windigen Tagen ist dieser Ort auch Treffpunkt der Surfer. Wikin-gerschiffe sind keine mehr zu sehen. Für sie war die Schlei, die sich 40 Kilometer durch sanfte Hügel, Raps- und Getreidefelder sowie idyllische Knicklandschaften erstreckt, wichtige Handels-route. Die Große Breite ist mit vier Kilometern von Ufer zu Ufer die weiteste Stelle der Schlei, beliebtes Segelrevier. Um die Ecke links die Kleine Breite (zwei Kilometer Weite), durch die Stexwiger Enge von der Großen Breite getrennt.

Das Wasser, gemischt aus Süß- und Meerwasser, hat hier nur noch einen Salzgehalt von unter einem Prozent und ist nicht tiefer als drei Meter. Heringe, Aale, Barsche fühlen sich in der Großen Breite wohl. Der Schlei-Schnäpel, ein lachsartiger Fisch, ist selten. Beim Baden Abstand halten von der Mündung der Hüttener Au! Man weiß nie, was sie von den Äckern anspült.

Adresse Große Breite, 24357 Fleckeby | **Anfahrt** von der B 76 (Eckernförde / Schleswig) vor dem Ortseingang Fleckeby rechts in den Fahrweg Richtung Sportboothafen, nach 500 Metern kleiner Parkplatz (gebührenfrei) | **Tipp** Schloss Louisenlund ist der Bildungscampus des Internats Louisenlund. Der Kaffeeröster Albert Darboven (Mövenpick, IDEE Kaffee) oder der Schauspieler Oliver Mommsen (Tatort Bremen) waren hier Schüler (in Fleckeby dem Louisenlunder Weg folgen).

37__Das Kunst-Café

Genuss mit Blick auf hundert Rosensorten

Nur einige Dörfler erinnern sich. An den Eier-Kaffee, wie die Groß-mutter ihn machte. Man nehme: neun Teelöffel frisch gemahlenen Kaffee, einen Liter Wasser, eine Prise Meersalz, ein rohes Ei. Wäh-rend man das Wasser in einem Topf zum Kochen bringt, wird das Ei in etwas kaltem Wasser mit einer Gabel verschlagen. Nun den Kaffee mit der Eiermasse verrühren. Das Ganze in das brodelnde Salzwasser geben und weitere drei Minuten kochen lassen. Zehn Minuten soll alles ruhen. Sorgsam filtern. Das Ei bindet die Bitter-stoffe. Der Kaffee ist bekömmlicher und schmeckt auch noch, wenn er warm gehalten wird.

Gudrun Teuteberg-Tammling serviert ihren Eier-Kaffee in edlen Silberkannen und Kopenhagener Geschirr. In ihrem Wohnhaus. Vor mehr als 30 Jahren hat sie einen Teil davon mit amtlicher Genehmi-gung als Café eingerichtet. Antikes Mobiliar, schöne Decken auf den Tischen, originelle Lampen. Die selbst gemachten Torten und Ku-chen locken Kaffeetanten – und Kaffeeonkel – aus der ganzen Region. Die Erdbeertorte mit Baiser, der Apfel-Wein-Kuchen, die Argentini-sche Torte Dolores. Eine Two-in-one-Torte. Unten ein lockerer Wal-nuss-Boden mit crunchiger Karamellcreme, oben eine Erdbeerhaube. Nebenan gibt's Erlesenes zu kaufen: alte Gläser, Silber, Schmuck.

Früher hat die Kaffeehaus-Chefin ihre Köstlichkeiten auch auf der Gartenterrasse serviert. 20 Jahre lang, bis ein neuer Nachbar herzog, Anwalt. Der fühlte sich gestört. Eine Unterschriften-Aktion von mehr als 300 anderen Nachbarn und Unterstützern des Cafés hat nichts geholfen. Seither dürfen die Gäste den schönen Kunstgarten noch bestaunen, verzehren dürfen sie auf der Terrasse nichts.

Mehr als hundert Rosensorten pflegt Gudrun Teuteberg-Tamm-ling in ihrem Garten. Die Rosenblüten, Holunderblüten und Tan-nennadeln verarbeitet sie zu Konfitüren und anderen Spezialitäten. Wer mehr von den Torten naschen möchte, kann auch halbe Stü-cke haben.

Adresse Auf der Höhe 10, 24357 Fleckeby, Tel. 04354/742 | **Anfahrt** auf der B 76 (Eckernförde / Schleswig) nach Fleckeby, von der Hauptstraße in den Herweg, links in den Südring, rechts in die Straße Auf der Höhe | **Öffnungszeiten** Sa–Mi 14.30–18.30 Uhr, Jan.–Feb. nur Sa, So, Okt. geschlossen | **Tipp** Die alte Hardesvogtei in Fleckeby ist eines der letzten erhaltenen Gebäude dieser Art. Harden waren Verwaltungsbezirke. Das herrschaftliche Gebäude ist heute Museum (Am Holm 2).

38__Die Heuler-Wiege

Schwer, von den Knuddeltieren Abschied zu nehmen

Heuler sind immer eine Sache fürs Herz. Auch für die, die professionell zu tun haben mit den jungen Seehunden und Kegelrobben. Man merkt das der Biologin Eva Baumgärtner an, wenn sie von Nikolaus erzählt. Sie und ihre Kollegen haben die Robbe aufgepäppelt. Bis Nikolaus fit genug war, ausgewildert zu werden. Zeit des Abschieds. Man hat Nikolaus mit einem Sender versehen, der lange Zeit Daten geschickt hat. So konnte Eva Baumgärtner die Robbe auf einem Teil ihres weiteren Lebensweges begleiten. »Es war schön, mitzubekommen, dass es Nikolaus auch in der freien Wildbahn gut geht.« Erst hat er sich vor den Küsten Niedersachsens und der Niederlande rumgetrieben, später ist er wohl in einer großen Robben-Kolonie bei Helgoland heimisch geworden.

Eva Baumgärtner und das Team kümmern sich mit Herzblut um mehr als hundert Heuler. Seehundjäger haben sie in der Station in Friedrichskoog abgegeben. Tiere, die von der Mutter verlassen wurden. Andere waren krank oder verletzt. Seehunde, eine Robbenart, werden von Mai bis Juni bei Ebbe auf den Sandbänken im Watt geboren. Kommt die Flut, müssen sie sofort schwimmen. Kegelrobben, mit bis zu 350 Kilo Gewicht die größten Raubtiere in Deutschland, kommen in der ungemütlichsten Jahreszeit von November bis Januar an hochwasserfreien Plätzen, in Dünen, auf die Welt.

Jedes Tier in der Pflegefamilie hat einen Namen. Strecken sie nur ihren Kopf aus dem Wasser, sehen sich alle ähnlich. Wie kann man sie unterscheiden? Seehunde haben einen runden Kopf, die Nasenöffnungen verlaufen v-förmig, treffen sich an der Basis. Die Schnauze der Kegelrobben ist länger, sie wirken plumper. Die Nasenöffnungen verlaufen parallel zueinander. Eva Baumgärtner: »Und jedes Tier hat seine eigene Fellmaserung.« Von Flugzeugen aus wird die Zahl der Seehunde an der deutschen Nordseeküste geschätzt. 39.000 sollen es sein. Der Bestand der Kegelrobben ist kleiner.

Adresse An der Seeschleuse 4, 25718 Friedrichskoog, Tel. 04854/1372 | **Anfahrt** von der B 5 nach Friedrichskoog, links in die Hafenstraße, halb rechts in den Schleusenweg (ist ausgeschildert) | **Öffnungszeiten** April–Okt. Mo–So 10–18 Uhr, Fütterung 10.30, 14 und 17.30 Uhr; Nov.–März Mo–So 10–16 Uhr, Fütterung 10.30 und 14 Uhr | **Tipp** Auch so hungrig wie die Heuler? Große Auswahl gibt's im Fischrestaurant Alice (Am Hafen 4, Tel. 04854/217).

39__Der nackte Teufel

Warum steht der Kirchturm schief? De Düvel war's!

Eine Legende erklärt, warum in Gettorf der Turm der Sankt-Jürgen-Kirche so schief steht. Es war im Mittelalter. Der Teufel wollte nicht, dass die Menschen sich diese Wallfahrtskirche aus roten Ziegeln und Feldsteinen bauen. Als das Bauwerk fast fertig war, schleuderte er den größten Fels, den er finden konnte, in Richtung Kirche, um sie zu zerstören. Der Brocken aber verfehlte sein Ziel, streifte den Turm allerdings und drückte ihn zur Seite. Der Findling ist dann noch kilometerweit geflogen und hat sich am Nord-Ostsee-Kanal nördlich von Großkönigsförde in einen Acker gegraben.

Wie schief der Kirchturm steht, ist am besten von der Teichstraße aus zu sehen, die südlich des Portals vorbeiführt. Wer von dort aus die Kirchstraße entlang bis zur Ecke Herrenstraße geht, trifft vor einem Café den Teufel persönlich. Grimmig schaut er, stützt sich auf einen Dreispieß. Er ist nackt, hat Ziegenhörner und einen Pferdehuf. Eine Inschrift erinnert an seinen Frevel: »Mit een groden Findling von Felmer Berg wull de Düvel uns Karktorm tweismieten. Dat hett uns Herrgott nich tolaten. So hett de Findling denn Karktorm bloots streift und is bit no Königsför flogen. Von de Tied steiht uns Karktorm scheef.«

Den Teufelsstein findet man, wenn man von Gettorf über Revensdorf und Ruckforde Richtung Großkönigsförde fährt. Gleich neben der Königsförder Straße liegt er auf dem Gelände der Gemeinde Lindau in einer Senke. 3,75 Meter ist er hoch, hat einen Umfang von 18 Metern und wiegt so viel wie 65 indische Elefanten. Der Granitstein ist der größte bekannte Findling in Schleswig-Holstein.

Wissenschaftler erklären seine Herkunft so: Entstanden ist er vor 1,8 Milliarden Jahren durch Abkühlung von glühendem Magma. Gletscher haben ihn dann von Südschweden aus 500 Kilometer weit bis zu seinem jetzigen Liegeplatz geschoben. Das ist in der letzten Eiszeit passiert.

Adresse Ecke Eichstraße / Herrenstraße / Kirchstraße, 24214 Gettorf | **Anfahrt** von der B 76 (Richtung Eckernförde) nach Gettorf, über die Friedrichsorter Straße in die Herrenstraße | **Öffnungszeiten** Sankt-Jürgen-Kirche täglich 10 – 16 Uhr | **Tipp** Im Gettorfer Tierpark liegt »Das verrückte Haus« auf dem Dach. Betritt man es, steht die Welt auf dem Kopf (Süderstraße 33, Tel. 04346/41600).

40 Der Flemhuder See

Lagerplatz für den Kanalausbau

Offiziell ist der See kein See, er ist Teil der Bundeswasserstraße Nord-Ostsee-Kanal. Es gilt die Seeschifffahrtsstraßen-Ordnung. Früher ist die Eider durch den See geflossen, Nordsee hieß er damals, seine Wasseroberfläche lag sieben Meter über dem Meeresspiegel. Dann wurde der Eiderkanal gebaut, und der See nordwestlich der Ortschaft Flemhude diente als Speichergewässer. Beim Ausbau des Eiderkanals zum Kaiser-Wilhelm-Kanal hat man den Kanalspiegel auf das Meeresniveau abgesenkt. Das Reservoir war überflüssig geworden. Auf 70 Metern Breite wurde der See zum Kanal hin geöffnet, er hat nun denselben Wasserstand.

Idyllische Flecken für Spaziergänger und Angler gibt es noch immer, am Ostufer. Über Fahr- und Wanderwege von Flemhude oder Landwehr aus sind sie zu erreichen. Im Norden des Westufers liegt ein Campingplatz, wo »Zerokini statt Bikini« angesagt ist. Vom Parkplatz geht es zu Fuß weiter zum See. Touristisch erschlossen ist er nicht. Ein paar Sportboote haben hier ihren Liegeplatz. Auf Flößen und Inseln brütet die seltene Flussseeschwalbe.

Teile des Westufers sind lange schon Problemzone. Zwangsarbeiter mussten hier für Hitler-Deutschland eine gigantische Schweröhlanlage vergraben. Die bis zu acht Meter hohen Stahltanks, gegen Bomben mit einem Betonmantel gesichert, mit Erde bedeckt und bepflanzt, hatten ein Fassungsvermögen von 1,5 Millionen Kubikmeter Öl oder Benzin. Über Leitungen bis zur Mitte des Sees wurden U-Boote betankt. In den vergangenen Jahren hat man am Westufer ein Logistik-Zentrum für den Ausbau des Kanals eingerichtet. Der kurvige elf Kilometer lange Flaschenhals zwischen Königsförde und Kiel soll breiter und begradigt werden. Am Flemhuder See werden die Materialien gelagert, ein Schiffsanleger wurde gebaut. Zehn Jahre hat man für den Ausbau geplant. Zu Kaisers Zeiten war der ganze Kanal mit 98,6 Kilometern Länge nach acht Jahren fertig.

Adresse Am See, 24796 Groß Nordsee / Krummwisch | **Anfahrt** von der A 210 (Ausfahrt Achterwehr) in die Kieler Straße und den Strohweg, in Groß Nordsee scharf rechts in die Straße Am See | **Tipp** Der Name Flemhude leitet sich ab von »Stapelplatz der Flamen«. Flämische Kaufleute haben vor 800 Jahren die Feldsteinkirche am Kirchkamp gebaut. Auf dem Dachboden lagerten sie ihre Waren.

41 Die Gänsefarm

Das Rezept: Kräuter, Gras und ganz viel Auslauf

Ein gelungener Gänsebraten ist immer etwas Besonderes und eine Herausforderung für den Koch. Natürlich spielt die Rezeptur eine Rolle. Die Entscheidung, ob bei Niedrigtemperatur oder großer Hitze gebraten wird, ist Philosophie und Glaubenskrieg. Viel wichtiger aber ist: Wie wurde die Gans gerupft? Oft entscheiden sich Mastbetriebe und Schlachtereien für den Nassrupf. Die getöteten Tiere werden in heißem Wasser gebrüht, die Federn lassen sich so leichter lösen. Dabei werden die direkt unter der Haut liegenden Aromastoffe ausgespült. Die Gänse der Gänsefarm und des Gänsemarktes in Gudendorf werden trocken gerupft. Das ist das Qualitätsmerkmal der berühmten Dithmarscher Gans. Da schmeckt die Gans ganz anders.

Die Gänse des Familienbetriebs werden in Dithmarschen groß sowie in anderen Landesteilen Schleswig-Holsteins, ein Teil wächst in Niedersachsen auf, in Mecklenburg-Vorpommern und Brandenburg. Auf den Wiesen ausgesuchter Landwirte, welche die Gänse im Nebenerwerb halten, schnattern große Herden. Am Seddiner See bei Potsdam hat das Unternehmen, das in vierter Generation geführt wird, eine moderne Schlachterei gebaut. Was allen Standorten gemeinsam ist, sind die strengen Anforderungen: Die Gänse haben großen Auslauf an frischer Luft, das verspricht viel Muskelfleisch und wenig Fett. Sie fressen ausschließlich Gras und Kräuter sowie Getreide als Zugabe.

Im Gänsemarkt in Gudendorf kann man den Gänseküken beim Schlüpfen zusehen. Im Ei, das aus dem Brutofen kommt, drehen sie sich einmal im Kreis und ritzen mit ihrem Eizahn die Schale auf. Sie stemmen sich gegen die Eienden – und schon sind sie befreit. Nach wenigen Minuten können die Küken auf den Beinen stehen und kommen in die warme Kinderstube. Der Gänsemarkt ist Shop für Geflügelfleisch-Produkte, Verkaufsraum für Daunenbetten und Gaststube zugleich. Natürlich gibt's Gans satt. Gäste loben die Gänse-Currywurst.

Adresse Hauptstraße 1, 25693 Gudendorf, Tel. 04859/445 | **Anfahrt** auf der B 431 oder der B 5 nach Meldorf, dort in die Friedrichshoferstraße und die Straße Elpersbüttelerdonn bis Gudendorf | **Öffnungszeiten** April–Dez. Di–So 10–19 Uhr | **Tipp** Für ein »geordnetes Massensterben«, beschleunigt durch Unterernährung und mangelnde ärztliche Versorgung, waren in Gudendorf russische Kriegsgefangene in einem Lager interniert. 3.000 starben. Ein Denkmal erinnert daran (Vierthstraße).

42 Die Haaler Au

Wo sich Zwergschwäne und Störche wohlfühlen

Kein Zweifel, hier muss es sein. Störche sind auf den Nisthilfen mancher Gehöfte zu sehen, und wo Störche sind, ist ein Feuchtgebiet nicht weit. Wenn aber der Storch zu brüten beginnt, ist der Zwergschwan schon weitergezogen. Ist in Schwärmen aufgestiegen, um bis in die sibirische Tundra zu fliegen.

In der Region rund um die Haaler Au kann man mit Glück im Frühjahr ein gutes Dutzend Störche zählen. Aber Tausende Zwergschwäne im Februar und im März. Aus der ganzen Welt kommen sie hierher, um sich satt zu fressen. Die Polder links und rechts der Au und weitläufiges Grünland sind idealer Futterplatz für die Wintergäste. Sie mögen offene Flächen in der Nähe ihrer Schlafgewässer. Und hier stören keine Überlandleitungen und Windrad-Parks.

Die Haaler Au, die zwischen Beringstedt und Osterstedt aus dem Zusammenfluss der Gewässer Reher Au und Mühlenbek entsteht und einen Teil des Naturparks Aukrug entwässert, mündet westlich von Haale in den Nord-Ostsee-Kanal. Wege, die so schöne Namen haben wie »Umblicksdamm«, führen von der Brücke aus entlang der Au und durch das europäische Vogelschutzgebiet. Der Naturfreund wandert durch ausgedehnte Röhrichtbestände und Moore. Kurz vor der Mündung wird aus der Au ein kleiner See. Über den Abfluss in den Kanal spannt sich eine kleine Brücke.

Die Vielfalt des Biotops und offene Wiesenflächen sind gute Brutvoraussetzungen. Das beißt sich oft mit intensiver Landwirtschaft, bei der früh gemäht wird. Mit einigen Bauern, die vom Land Schleswig-Holstein finanziell entschädigt werden, hat man sich deshalb auf das Projekt »Gemeinschaftlicher Wiesenvogelschutz« geeinigt. Die Landwirte stellen sich auf die Bedürfnisse der Vögel ein. Der Eisvogel, das Schwarzkehlchen und sogar der Pirol sind hier noch heimisch. Das Modell hat die Bruterfolge der Feldlerche verbessert. Sogar der seltene und scheue Wachtelkönig wird wieder häufiger gesehen.

Adresse an der Straße von Haale nach Lütjenwestedt, 24819 Haale | **Anfahrt** von der B 77 nach Embühren und Haale, nach dem Ortsausgang an der Au-Brücke Steinberg parken | **Tipp** Folgt man der Haaler Au von der Brücke nach Süden, kommt man schnell zum Schöpfwerk der Fuhlenau. Hier wird das Wasser des Flüsschens in die höher gelegene Au gepumpt.

43 _ Der Herrnhuter Friedhof

Selbst Ehepartner liegen in getrennten Gräbern

Die Herrnhuter Brüdergemeine, auch Brüder-Unität genannt, ist eine selbstständige evangelische Kirche. Sie orientiert sich besonders treu an der Bibel. Die Herrnhuter Losungen, ein Andachtsbuch, halten für jeden Tag einen Bibelvers des Alten wie des Neuen Testaments bereit. Die Losungen erscheinen seit 1731 jedes Jahr neu zusammengestellt, werden in 50 Sprachen übersetzt. Die Kirchenmitglieder verstehen sich als überkonfessionelle Christen, als »ökumenisch offene Kirche«. Alle Menschen sind für sie gleich. 23.000 Anhänger hat die Brüdergemeine in Deutschland. Auf einem Gut in der Oberlausitz gründete sich die Lebensgemeinschaft. Da man sich »unter der Obhut des Herrn« fühlte, wurde sie Herrnhut genannt.

Die Brüdergemeine hat auch für ihre »Gottesäcker« Grundsätze. Auf anderen Friedhöfen sind die Grabstellen mit besonderen Zeichen der Erinnerung, manche Familiengräber mit aufwendigen Monumenten ausgestattet. Die Brüder-Unität lässt das nicht zu. Für sie ist ein jeder im Tod für sich. Doppel- oder Familiengräber gibt es deshalb nicht. Selbst Eheleute liegen getrennt. Der Friedhof ist in sechs Felder eingeteilt. Ein Mittelweg trennt die Geschlechter. Im oberen Drittel liegen Verheiratete. Auf der einen Seite die Frauen, auf der anderen die Männer. In den beiden mittleren Feldern liegen Alleinlebende, ursprünglich nur Jünglinge und Jungfrauen. Im unteren Drittel sind Kinder beerdigt. Selbst Material und Maße der Grabplatten sind vorgegeben: Sandstein oder weißer Marmor, 58 Zentimeter lang, 43 breit, zwölf in der Dicke. Die Inschrift muss in einheitlicher schwarzer Kursivschrift erfolgen. Mit Immergrün sind die Gräber einzufassen. Auch der Waldfriedhof in Hanerau ist so gestaltet. Er ist einmalig in Norddeutschland.

Johann-Wilhelm Mannhardt, einst Herr auf Gut Hanerau, hat den Friedhof in den Waldpark Wilhelmshain integriert. Den ließ er als Bürgerpark anlegen.

Adresse an der Mannhardtstraße, 25557 Hanerau-Hademarschen | **Anfahrt** von der B 77 nach Hanerau-Hademarschen, nach dem Mühlenteich (links) Fahrweg zum Gut Hanerau, kleiner Parkplatz | **Öffnungszeiten** ganzjährig | **Tipp** Der Dichter Theodor Storm (siehe Ort 45), Freund der Gutsfamilie, hat den Friedhof oft besucht. Am Eingang sinniert er als Bronzestaue auf einer Bank.

44_ Die Holsteiner Kammer

Ein Haufen Steine mit großer Vergangenheit

Schädelreste von sieben Erwachsenen und einem Kind hat man gefunden. Den Toten waren Tongefäße, drei Dolche und ein Beil aus Flint (Feuerstein) sowie zwei Äxte aus geschliffenem Felsgestein beigegeben. Aber es stellte sich heraus, dass sie nicht die Ersten waren in dieser Ruhestätte. In der Steinzeit soll das Grab ausgeräumt und neu belegt worden sein. In einem weiteren, jüngeren Grab, einer mit Erde überhügelten Packung auf kopfgroßen Steinen, entdeckten Archäologen die Reste eines Sarges aus Eichenholz. Der Körper des Toten war völlig vergangen. Er muss den besseren Kreisen der früheren Bronzezeit angehört haben. Man fand einen Armreif, ein Beil und ein Schwert aus Bronze. Zwei Tongefäße lagen zu Füßen des Toten.

In den Hademarscher Bergen, die es bis zu einer Höhe von 67 Metern bringen, hat man viele Hünengräber ausgemacht. Eine Geländekarte aus dem 18. Jahrhundert zeigt 23 Hügel. Die meisten wurden zerstört, neun sind erhalten geblieben. Einen hat man geöffnet, als bei einem nahen Aussichtsturm, der im Zweiten Weltkrieg als Standort für Flugabwehr-Kanonen diente, das Fundament erneuert werden musste. Zu sehen sind noch elf Steine, teils versunken im Boden, man könnte sie glatt übersehen. Das ist die Holsteiner Kammer.

Für Altertumsforscher ein Denkmal der sogenannten Trichterbecher-Kultur. Das war 4.000 Jahre vor Christus, das Rad und der Wagen wurden erfunden. Von Süden führte ein Gang ins Grab, Steine auf der Ostseite fehlen. Man kann sich das trotzdem gut vorstellen. Dieser Zugang zur Grablegung erklärt den Namen, man kroch wie durch einen Trichter zu den toten Jägern und Sammlern. Zwei Decksteine sind noch vorhanden. Ungewöhnlich ist die Perspektive auf die Steinzeitgräber von den Wipfelpfaden des Hochseilgartens aus, die in 20 Metern Höhe darüber von Baum zu Baum führen. Eine Draufsicht auf die Vergangenheit, ein Weitblick in die Dithmarscher Landschaft.

Adresse Hafenstraße 20, 25557 Hanerau-Hademarschen | **Anfahrt** von der B 77 nach Hanerau-Hademarschen, über die Mannhardtstraße und die Theodor-Storm-Straße zur Straße Im Kloster, leicht rechts in die Hafenstraße, Parkplatz bei der Schule | **Öffnungszeiten** ganzjährig | **Tipp** Keramikbecher, die man beim Öffnen des Grabes gefunden hat, sind im Heimatmuseum zu sehen (Im Kloster 12, Öffnungszeiten: jeder 1. So im Monat 14 – 17 Uhr).

45_ Theodor Storms Weg

Den Schimmelreiter hat er hier erdacht

Theodor Storm war Landvogt und Richter in Husum, berühmt geworden ist er als Lyriker. Gerne war der Dichter bei seinem jüngeren Bruder Johannes in Hademarschen zu Besuch. Von hier schrieb er an seinen Freund Emil Kuh, Feuilletonredakteur und Literaturprofessor in Wien: »Jetzt bin ich in dem schönen grünen Dorfe Hademarschen, im Hause meines Bruders, dessen Frau die Schwester meiner jetzigen Frau ist. Er betreibt auch einen großen Holzhandel nebst Holzschneidefabrik. Ringsum Ackerfelder im üppigen Gebüsch, Wiesen und sanfte Waldhöhenzüge, die sich duftig einer hinter dem anderen lagern. Die Aussicht ist unendlich weit. Oh, es ist auch schön in unserem Norden.«

Storm liebte die Spaziergänge an der frischen Luft – gerne allein. »Der hübsche Waldweg nach dem Rehers ist ein Weg zum Träumen und Dichten.« Er lief dann über den Blöckenweg und den Holzkoppelweg oder vom Philosophenweg zum Rehersweg. Erst durch bunte Weiden, dann an Stapeln frisch geschlagenen Holzes vorbei bis zum Gehege Rehers. Mit »Aussicht auf wahrhaft Eichendorff'sche Wald- und Wiesengründe«, schwärmte er gegenüber dem Schriftstellerkollegen Gottfried Keller.

So angetan war Theodor Storm von Hademarschen, dass er das Dorf, das sich später mit Hanerau zu einer Gemeinde zusammenfand, nach der Pensionierung als Alterssitz wählte. An der Hauptstraße, heute die Theodor-Storm-Straße, ließ er ein Haus bauen. Ganz mit Schiefer war es damals verkleidet, heute ist es verklinkert (Haus Nummer 42). »Ich freue mich meines alten Lebens«, schrieb er an Tochter Elsabe. »Dazu trägt die heitere Lage unseres Wohnsitzes bei. Es ist, als könne man von da so leicht die Flügel nach allen Weltgegenden ausspannen. Und das ist im Wesentlichen auch so.« Sieben Jahre, bis zu seinem Tod am 4. Juli 1888, hat Storm sich hier wohlgefühlt. In diesem Haus und bei den Spaziergängen ist seine Novelle »Der Schimmelreiter« entstanden.

Adresse Rehersweg, 25557 Hanerau-Hademarschen | **Anfahrt** von der B 77 nach Hanerau-Hademarschen, am Ende der Mannhardtstraße rechts in den Hofkoppelweg, rechts in den Philosophenweg bis zum Rehersweg | **Tipp** Daran hatte Theodor Storm sicher auch seine Freude: an der alten Wassermühle an der Mannhardtstraße.

46__Das Klaus-Groth-Haus

Wie Plattdeutsch wieder salonfähig wurde

Wenn Opa Claus Reimer erzählte, war Klaus ganz still. Er schmiegte sich dann an den geliebten »Obbe«, der den Enkel lesen, schreiben und rechnen lehrte. So früh, dass Klaus Groth sich später nicht mehr daran erinnern konnte. Man wärmte sich in der Stube am Bilegger, dem Ofen, der von der Küche aus befeuert wurde. Vater Hartwig verkaufte im Haus auf der Lüttenheid Mehl und Grütze. Mutter Anna Christina besorgte die Wäsche. Und Klaus Groth, »hochbegabtes und sehr bildsames Kind«, hörte dem »Obbe« zu. Der berichtete auf Plattdeutsch von Odysseus und Homer, von Sokrates und Napoleon. Vor allem aber die Geschichte und Geschichten der freiheitsliebenden Dithmarscher Bauern.

Vieles aus Grotvadders Erzählungen und von seinen Kindheitserinnerungen verarbeitet Klaus Groth (1819–1899) später in seinem bekanntesten Werk »Quickborn«. Zuvor ist er Lehrer an der Mädchenschule in Heide, macht körperlich wie psychisch schwere Zeiten durch, nimmt eine Auszeit bei einem Freund auf Fehmarn. Dort entsteht »Quickborn«. Als die plattdeutsche Gedichtsammlung 1852 erscheint, ist sie auf Anhieb ein Erfolg. Niederdeutsch sprechen zu jener Zeit nur noch die einfachen Leute. Seit der Hansezeit wird in den besser gebildeten Schichten das Hochdeutsche gepflegt. Groth will eine »Gleichberechtigung einer plattdeutschen neben der hochdeutschen Literatur«. Das gelingt ihm, er wird gefeiert. »Quickborn« wird zugleich eine politische Dimension zugeschrieben. Gerade erst hat der Dänenkönig versucht, den Holsteinern die dänische Sprache aufzuzwingen.

Gleich um die Ecke im Haus Lüttenheid 34 hat Musikgenie Johannes Brahms beim Onkel Teile seiner Jugend verbracht. Groth, der später Professor in Kiel ist, und Brahms werden dicke Freunde. Die enge Seelenbruderschaft hält bis zum Tod. Im Groth-Haus kann man ihnen bei einer Unterhaltung zuhören. Brahms hat 13 Gedichte des niederdeutschen Lyrikers vertont.

Adresse Lüttenheid 40 und 48, 25746 Heide, Tel. 0481/63742 | **Anfahrt** von der B 201 in die Straße Wulf-Isebrand-Platz, rechts in die Straße Lüttenheid | **Öffnungszeiten** Di–Do und So 11.30–17 Uhr, Fr 10.30–14 Uhr, Sa 14–17 Uhr | **Tipp** Gleich neben Groths Geburtshaus steht das Heimatmuseum. Auch der Bußgeldkatalog von 1500 ist dokumentiert: Acht Schillinge kostete es, einen anderen mit Bier zu begießen. Eine Hure zu töten war straffrei.

47__Der Marktplatz

Hier sprachen die Achtundvierziger Recht

Dieser Ort kann Geschichte erzählen. Der Reformator Heinrich von Zütphen (siehe Ort 63), ein Freund Martin Luthers, ist hier als Märtyrer gestorben. Vor allem aber war der Platz Tagungsort der sogenannten Achtundvierziger. 48 Männer, auf Lebenszeit als Richter eingesetzt, trafen sich jeden Samstag zum Obergericht. Es war das Selbstverwaltungsorgan der Bauernrepublik Dithmarschen. Bis 1559 tagte es in Heide. Bis zur »Letzten Fehde«, in der 12.000 bewaffnete Bauern einem Fürstenheer von 18.000 Mann unterlagen.

Die 48 Regenten waren aus den Landesteilen Westerdöfft, Mitteldöfft, Osterdöfft und Meldorfer Döfft delegiert. Döfft ist niederdeutsch für Taufe, womit der Bezirk um eine Kirche als zentralen Ort gemeint war. Kirchspiel sagt man häufig auch. Die Achtundvierziger erließen Gesetze, sprachen Recht, fällten Urteile, empfingen Gesandtschaften. Zur gleichen Zeit hat sich auch der Markt in Heide entwickelt, an den Handelswegen günstig gelegen. Im »Heider Marktfrieden« wurde den Händlern Schutz vor Räubern und Plünderern versprochen. Besucher des Marktes mussten ihre Waffen abgeben. In den Jahren mit gerader Jahreszahl wird der »Heider Marktfrieden« heute als Mittelalter-Spektakel inszeniert.

Der Marktplatz, das Herz der Stadt, ist größer als sechs Fußballfelder. Er ist der größte unbebaute Markt in Deutschland. An der Ecke Markt / Süderstraße steht die Sankt-Jürgen-Kirche. Ein Sandsteinrelief über dem Westeingang zeigt Christus, der aus dem Grab steigt. Drei Wachsoldaten schlafen davor. Links kniet der Stifter des Epitaphs. Er trägt ein Spruchband mit der Inschrift »misere mei Deus« (Gott, erbarme dich meiner). Als Stifter wird Martin Scherer vermutet, ein Jerusalem-Pilger. Andere Quellen nennen Johannes Scherer, der erst katholischer Vikar, dann evangelischer Diakon war. Das Original des Reliefs, das um 1500 entstanden sein muss, hängt in der Kirche.

Adresse Markt, 25746 Heide | **Anfahrt** an der B 203 | **Öffnungszeiten** Wochenmarkt jeden Sa 6–13 Uhr | **Tipp** An der Nordost-Ecke des Marktes geht es in die Straße Schuhmacherort. Die Figur eines Schusterjungen erinnert daran, dass hier früher 158 selbstständige Schuhmacher und 166 Gesellen gearbeitet haben. 5.400 Einwohner hatte Heide damals.

48__Klein Westerland

Einzigartiger Sandstrand am Kanal

Westerland auf Sylt kennt man ja. Acht Kilometer feinster weißer Sandstrand wie mit dem Lineal gezogen, zwei Abschnitte reserviert für Nackedeis. 3.000 Strandkörbe. Vier Kilometer Strandpromenade, an der man shoppen und schlemmen kann. Livekonzerte in der Musikmuschel. Hässliche Wohnsilos im Hintergrund. Das hat alles seinen Preis, Strandgebühren werden verlangt: Tagesgäste zahlen 3,50 Euro im Sommer und immer noch 1,75 Euro in den kalten Monaten. Klein Westerland ist anders.

Hochhäuser stehen hier keine. Stattdessen Wohnmobile und Campingzelte zwischen altem Baumbestand. Sylter Austern zum Schampus sind auch nicht zu haben, aber im Campingplatz-Restaurant wird eine ordentliche Currywurst zum gut gekühlten Bier gereicht, oder man bringt sich den Proviant in der Kühltasche mit. Ja, der Strand ist klein, misst großzügig gerechnet 150 Meter in der Breite, 50 Meter in der Tiefe. Die Qualität des Sandes hält aber mit Westerland mit. Eintritt muss man hier nicht bezahlen.

Klein Westerland ist einmalig. Der Strand ist die einzige offizielle Badestelle an der internationalen Wasserstraße. Und wer eine Strandpromenade sucht, kann genauso gut über den Kanaluferweg laufen. 20 Kilometer weit bis nach Brunsbüttel. 78,6 Kilometer Richtung Kiel. Noch etwas ist einzigartig: Man kann im Nord-Ostsee-Kanal-Wasser planschen, während die Ozeanriesen an einem vorbeiziehen. Besonders eindrucksvoll ist es, wenn sie sich vor der Autobahnhochbrücke Hohenhörn an der Weiche Dückerswisch, einer Ausweichstelle, stauen, weil ihnen ein anderes Dickschiff entgegenkommt.

Die Badebucht ist beim Bau und Ausbau des Kanals entstanden. Vielen Menschen in Hochdonn hat er Arbeit gebracht. Wie auch die 2,2 Kilometer lange Eisenbahnhochbrücke Hochdonn südlich des Strandes. Die Züge von Hamburg nach Sylt rollen über sie hinweg. So sind auch Klein Westerland und Westerland miteinander verbunden.

Adresse Zur Holstenau, 25712 Hochdonn | **Anfahrt** von der B 431 nach Süderhastedt und Hochdonn, von der Hauptstraße links in die Alte Dorfstraße, rechts in die Straße Zur Holstenau, Parkplatz hinterm Campingplatz | **Öffnungszeiten** Strand ganzjährig, Campingplatz April–Okt. | **Tipp** Hochdonn hat am Ende der Hauptstraße einen kleinen Hafen. Von hier setzt die Fähre auf die östliche Kanalseite über.

49__Der Hungrige Wolf
Luftsport, Open-Air-Spektakel, Künstlerkolonie

Das Geknatter hätte jeden Wolf vertrieben. Aufklärungshubschrauber vom Typ Alouette und Bo 106 schraubten sich in den Himmel, der spezifische Sound des Transporthelikopters Bell UH-1D füllte den Luftraum. Von hier aus starteten die Piloten des Heeresfliegerregiments 6 mit dem Spitznamen Hungriger Wolf. Sie haben bei der Sturmflut 1962 und der Schneekatastrophe 1978 in Schleswig-Holstein Menschen gerettet. Die NATO im früheren Jugoslawien und die Vereinten Nationen in Somalia unterstützt. Dann hat die Bundeswehr das Regiment aufgelöst. Jetzt hebt noch ein Ultraleichtflugzeug ab. Der Luftsportverein Itzehoe hat auf dem Gelände sein Quartier. Eine Cessna steigt auf 4.000 Meter Höhe, um Fallschirmspringer abzusetzen. Durch die Wolken gleiten sie zurück zur Erde. Lautlos.

Hungriger Wolf heißt auch der Flugplatz. Nach dem Abzug des Militärs ist er Konversionsprojekt, wird vor allem als Gewerbe- und Freizeitpark genutzt. Wolfsmeile wird eine jährliche Trucker-Show genannt, mehr als 300 aufgemotzte Schlepper stehen dann auf der Landebahn Spalier, für Fans von Western- und Country-Musik ist das Event Saisonhöhepunkt. Vom Festival Spectaculum sagt man, dass es die weltgrößte Mittelalter-Kulturveranstaltung zwischen 1.000 historischen Zelten sei. Geht es mal bescheidener zu, ist das Flugplatz-Geschehen gut von der Terrasse des Bistros unter dem alten Tower zu verfolgen.

In den früheren Kasernen-Unterkünften gleich rechts nach der Einfahrt aufs Gelände hat ein Antiquitätenhändler auf vier Etagen eine unendliche Fülle von Schätzen zusammengetragen. Auf der anderen Straßenseite hat sich in den Soldaten-Stuben die Künstlerkolonie Hohenlockstedt eingerichtet. Architekturfotografie, Malerei in Öl und Acryl, Holzskulpturen und Bildhauerei, Grafikdesign, Kohlezeichnungen und Aktmalerei – jede Technik ist vertreten. Am Tag der »Offenen Ateliers« kann man 50 Künstler besuchen.

Adresse Towerstraße, 25551 Hohenlockstedt | **Anfahrt** auf der B 77 von Hohenwestedt Richtung Itzehoe, rechts in die Towerstraße | **Öffnungszeiten** »Offene Ateliers« jedes erste Wochenende im Monat Sa, So 14–18 Uhr, Tower-Bistro Di–Fr 9–14 Uhr, Sa, So 9–18 Uhr | **Tipp** Reminiszenz an die Helikopter-Herrlichkeit: Vor dem Rathaus Hohenlockstedt hat man vier Rotorblätter zu einem Monument zusammengestellt (Kieler Straße 49).

50__Der Whisky-Krüger

Die Schatzkammer des »flüssigen Sonnenlichts«

Eine Flasche »Macallan Royal Marriage«, in limitierter Zahl abgefüllt zur Hochzeit von Prinz Charles und Diana, gemischt aus zwei Whiskys der Jahrgänge des Thronfolgerpaars, von 1948 und 1961, ist eines der besonderen Ausstellungsstücke. Oder der »Oldmaster Malz Whisky«, in der Destillerie Luckenwalde nur für den DDR-Staatsratsvorsitzenden Erich Honecker gebrannt. »Heidinger Rauchkorn« hieß ein deutscher Whisky, als man in der NS-Zeit amtlich verfügte, das Wort Whisky aus dem deutschen Sprachgebrauch zu tilgen. Die größten Schätze stehen in der Vitrine mit dem Titel »Treasures of the past«. Sehr alte Whiskys, niemand würde eine solche Flasche noch öffnen, jede ist viele tausend Euro wert. Die meisten der Flaschen aus der Sammlung des Spirituosenhändlers Thomas Krüger sind schottische Whiskys. Die älteste Flasche ist ein Bourbon aus den USA, Jahrgang 1903. Ein »Whisky flavoured condom« mit dem Namen »Long John« ist auch ausgestellt.

Thomas Krüger sammelt seit über 40 Jahren Whiskys und Whisky-Werbeartikel. Mit 14 kaufte er die erste Flasche, den ersten Schluck nahm er mit 21. Whisky ist »flüssiges Sonnenlicht«, sagt er. Im Holzbunger Redderhus von 1858, wo früher Kutscher einen hoben, hat Thomas Krüger sich mit Partner Jens Nielsen einen Traum verwirklicht. Unterm Reetdach das Museum, unten ein Whisky-Café und die Tasting-Hall für Verköstigungen. Dazu werden Törtchen und Schokoladiges vom hauseigenen Pâtissier gereicht.

250 Whiskys sind im offenen Ausschank, der älteste von 1966, ein »Glenfarclas«. Im Laden von Whisky-Krüger, gesichert wie Fort Knox, stehen 1.000 Sorten zur Auswahl. Preisgünstiges und preislich Exquisites. Ein »Rosebank 21« für 495 Euro. Oder der »Sylter Tide Whisky«, die Halbliterflasche für 175 Euro. Man hat ihn in Holzfässern sechs Monate lang bei den Austernbänken der Insel im Nordseewasser versenkt. Er hat eine leicht salzige Note.

Adresse Hauptstraße 2, 24361 Holzbunge, Tel. 04356/8679125 | **Anfahrt** von der A 7 (Ausfahrt Rendsburg / Büdelsdorf) auf der B 203 Richtung Eckernförde, nach drei Kilometern auf der rechten Seite | **Öffnungszeiten** Mo–Sa 10–18 Uhr, So 13–18 Uhr (nur für Museumsbesucher), Café Mo–Do 14–18 Uhr, Fr–So 13–18 Uhr | **Tipp** Aal und anderer Räucherfisch passten auch gut zum Whisky: Auf dem Parkplatz am Reederhus steht von April bis Dezember der Verkaufswagen von Arne Bening, Fischmeister vom nahen Wittensee.

51__An Deck der »Freya«

Die Göttin der Liebe war auch königliche Yacht

Wer diese Tour einmal gefahren ist, fragt zu Recht: »Warum habe ich das nicht viel früher gemacht?« Einmal den Nord-Ostsee-Kanal auf ganzer Länge vom Wasser aus erleben! Am Bahnhofskai in Kiel, dem Heimathafen, verabschiedet Kapitän Jörg Kolkow sich und die »Freya« mit dem dumpfen Brüllen des Schiffshorns und dem Schnauben der Dampfmaschine. Eine weiße Wolke stößt sie in den Himmel. Bald schon steuert der Käpt'n die »Freya« sutje (sachte) in die Schleusenkammer Holtenau, macht neben einem Container-Dickschiff fest. Ganz zerbrechlich sieht die alte Dame aus neben dem Ozeanriesen. Dann öffnet sich das Schleusentor, und die »Freya« ist befreit. Schaufelt sich bis nach Brunsbüttel. Unter den zehn Hochbrücken hindurch. Vorbei an Häusern in Wasserlage, an Landgütern, an den Schilfgürteln am Ufer. In acht Stunden wird sie angekommen sein.

Jörg Kolkow war früher Offizier der Marine. Er hat die Weltmeere befahren – aber nie zuvor ein so schönes Schiff wie die »Freya« gesteuert. Mit 58 pensioniert, hat Kolkow noch einmal die Seefahrtschule besucht, um Kapitän des Seitenraddampfers zu werden. In den Niederlanden wurde das 52-Meter-Schiff im Jahr 1905 vom Stapel gelassen. Die Decksaufbauten aus edlen Hölzern, die vielen Messingbeschläge haben Jugendstil-Charme. Man kann sich das gut vorstellen: Elegante Damen mit weißen Sonnenschirmchen werden von Herren in Sonntagsanzug und Zylinder über das Außendeck geleitet. Tatsächlich war die »Freya« auch einmal Yacht der Königin Wilhelmina. Ein Clou ist der Buffet-Lift. Wie auf Schloss Neuschwanstein wird das Buffet mitsamt den Köchen aus dem Bauch des Schiffes nach oben gefahren.

Im Zweiten Weltkrieg konnten sich untergetauchte Juden auf dem Schiff verstecken. Schwimmender Kaufladen und Tankstelle war die »Freya« auch. Freya ist die nordische Göttin der Liebe, der Sinnlichkeit, der Schönheit, der Fruchtbarkeit. Die Urahnin aller freien Frauen.

Adresse Anleger Bahnhofskai/Kaistraße, 24114 Kiel-Vorstadt, Tel. 04651/9870888 (Reederei) | **Anfahrt** von der B 76 in die Hamburger Chaussee und die Straße Sophienblatt, am Bahnhofsplatz rechts zur Kaistraße | **Öffnungszeiten** Fahrplan unter www.adler-schiffe.de/cruise | **Tipp** Die 98 Kanal-Kilometer sind zu lang? Man kann in Rendsburg von Bord gehen. Der Bus bringt einen zurück.

52 Die German Naval Yards
Bauplatz für Megayachten und Fregatten

Was kann man noch brauchen, wenn man schon eine 119 Meter lange Motoryacht besitzt? Mindestens noch ein größeres Segelschiff. Der russische Unternehmer Andrej Melnitschenko, reich geworden durch Wechselstuben, Düngemittel und Bergbau, hat sich bei der German Naval Yards Holding die 143 Meter lange Sailing Yacht A bauen lassen. Der Name ist Verehrung seiner Frau Aleksandra, früher Model und Popsängerin. Melnitschenko, dem das Wirtschaftsmagazin Forbes ein Vermögen von elf Milliarden Dollar zuschreibt, braucht 54 Mann Besatzung, um den Dreimaster zu steuern. Bei seiner Auslieferung war er das größte Segelschiff der Welt.

Die German Naval Yards Holding, zu der in Kiel noch die Werft Lindenau und in Rendsburg die Werft Nobiskrug gehören, ist spezialisiert auf den Bau von Superyachten und Marine-Fregatten. Die Werftengruppe verfügt in Kiel über das größte Trockendock im Ostseeraum. Bei einer Hafenrundfahrt bekommt man den besten Einblick. Unter dem Projektnamen White Pearl haben hier Hunderte Ingenieure und Arbeiter länger als vier Jahre nach den Plänen des Edel-Designers Philippe Starck an der Sailing Yacht A gebaut. Abgeschirmt von den Blicken der Öffentlichkeit entstand unter einer gewaltigen Gerüstkonstruktion der befremdliche Rumpf. Der Kiel soll teils aus Glas sein. Acht Decks hat das Schiff. Das größte der drei Segel entspricht der Fläche von sieben Doppel-Tennisplätzen. Zwei Motoren leisten 9.800 PS.

Die drei Masten aus Kohlefaser sind mit 90 Metern doppelt so hoch wie die des deutschen Segelschulschiffs Gorch Fock. Weil sie zu groß sind, um Brücken zu passieren, ist die enge Drogden-Fahrrinne vor Kopenhagen die einzige Möglichkeit für die Megayacht, die Ostsee zu verlassen. Leider: Die Krim kann Melnitschenko mit seinem schicken Schiff wegen zu niedriger Brückenhöhen nicht erreichen und es auch nicht in den Häfen von New York vorführen.

Adresse Werftstraße 110, 24143 Kiel-Gaarden-Ost, Tel. 0431/239320 | **Anfahrt** Förde-
dampfer F 1 ab Anlegestelle Bahnhofsbrücke oder Hafenrundfahrt | **Öffnungszeiten** Fahr-
zeiten der Hafenrundfahrt: Mai–Okt. täglich 10, 13 und 15 Uhr (Fahrzeit zwei Stunden),
Fahrplan unter www.sfk-kiel.de | **Tipp** Gleich nebenan werden bei Thyssen Krupp Marine
Systems moderne U-Boote gebaut. Wer Glück hat, sieht ein Boot mit Brennstoffzellen-
antrieb im Dock.

53_ Die Hochbrücken

Vogelperspektive auf die Schleusen

Wer nach 1996 in Kiel geboren oder zugezogen ist, tut sich oft schwer, zwischen der Olympiabrücke und der Prinz-Heinrich-Brücke zu unterscheiden. Über beide führt die Bundesstraße 503 zwischen den Stadtteilen Holtenau und Wik. Beide verbinden zudem die Prinz-Heinrich-Straße nördlich und südlich des Kanals. Wer drüberfährt, merkt auch nicht, dass hier zwei Brücken parallel zueinander verlaufen, Blendschutz verstellt den Blick. Tatsächlich stehen die Bauwerke im Abstand von 40 Metern nebeneinander. Nur von der Uferstraße in Wik und dem Friedrich-Voß-Ufer in Holtenau aus ist das zu erkennen. Für viele Kieler sind die Überquerungen einfach die Holtenauer Hochbrücke. Beide Bauten sind Stahlbetonbrücken auf schlanken Pfeilern, dreispurig zu befahren.

Die Prinz-Heinrich-Brücke ist die jüngere, 1996 fertig geworden. Sie ersetzte eine Stahl-Fachwerk-Konstruktion aus dem Jahr 1914. Die Olympiabrücke östlich davon hat man als schnelle Verbindung zum Segelsporthafen Schilksee aus Anlass der olympischen Segelwettkämpfe 1972 danebengesetzt. Nur vier der zehn Kanalbrücken zwischen Brunsbüttel und Kiel dürfen auch Fußgänger und Radfahrer passieren.

Die Hochbrücke Holtenau gehört dazu. Von der Olympiabrücke hat man den besten Vogelperspektive-Blick auf das Schleusen der Schiffe. Ein guter Standort für Fotografen. Auch wer einen direkten Blick von oben in die Schlote der Ozeanriesen unter ihm riskieren möchte, ist hier gut platziert.

Immer wieder sind die 42 Meter hohen Brücken Schauplatz von Dramen. Vor Jahren hat eine Selbstmordserie unter Jugendlichen die Stadt aufgewühlt. 1992, als die alte Prinz-Heinrich-Brücke abgebrochen wurde, knickte ein Kranausleger, ein 280 Tonnen schweres Brückenteil stürzte samt Kran in die Tiefe. In nahe liegenden Häusern wackelten die Wände. Die Kieler Nachrichten schrieben: »Es sieht aus, als sei jemand auf eine Lego-Landschaft getreten.«

Adresse B 503, 24159 Kiel-Holtenau und 24106 Kiel-Wik | **Anfahrt** auf den Brücken
darf man nicht halten; vom Parkplatz am Südufer sind es 400 Meter zu Fuß bis zum
Scheitelpunkt der Olympiabrücke: von der B 503 Richtung Wik in die Prinz-Heinrich-
Straße, nächste Möglichkeit 180-Grad-Kehre Richtung Eckernförde, gleich rechts | **Tipp**
Beim Bau der Prinz-Heinrich-Brücke hat 1911 ein Erdrutsch an der Südrampe den
Arbeiter Josef Czoka begraben. Eine tagelange Suche blieb erfolglos. Ein Findling im
Hang zwischen den Brücken erinnert an ihn.

54__Das Packhaus

Schickes Wohnen und Speisen auf Speicherböden

Wenn in warmen Monaten die historischen Windjammer am Kai liegen, kann man sich das gut vorstellen: Männer entladen die Schiffe, schleppen mit gebeugtem Rücken Ballen mit Wolle, Getreide- und Salzsäcke zum Packhaus. Mit dem Seilzug werden die schweren Gebinde hoch zu den Speichertoren gezogen. Kräftige Männerarme greifen aus den Luken nach den Säcken, ziehen sie hinein, stapeln sie zwischen den Balken des Holzständerwerks.

200 Jahre lang ist das Packhaus Speicher und Verladestation gewesen. Der dänische König Christian VII. hatte es bauen lassen. Rechtzeitig zur Eröffnung des Schleswig-Holsteiner Canals, Vorläufer des Nord-Ostsee-Kanals, war es fertig. 1784 wurden die ersten Waren hier umgepackt. Das Backsteingebäude, 77 Meter lang, hatte auf drei Speicherböden und unterm Dach 4.000 Quadratmeter Platz. Die Front unterbricht ein Mittelrisalit mit den Ladeluken. Ein baugleiches Packhaus steht in Tönning, wo die Eider in die Nordsee mündet. Der Kanal war ursprünglich nur 34 Kilometer lang, danach konnte die Schifffahrt das Eider-Flussbett nutzen. Ein drittes Lagerhaus, halb so groß, wurde in Rendsburg errichtet. Im Krieg mit Dänemark von 1848 bis 1851 war das Packhaus in Kiel vorübergehend auch Lazarett und Kaserne, bis 1864 kennzeichnete es die südöstliche Grenze des dänischen Reichs.

Heute sind schicke Wohnungen im Packhaus, unten ist die Hafenwirtschaft eingezogen. Eine Stahlwand am Eingang erinnert an die rostigen Schiffsrümpfe auf den Werften, Helme in der Dekoration machen aufmerksam auf die Werftarbeiter, in einer Ecke hängt eine Galionsfigur.

Vor dem Packhaus steht ein hoher Sandsteinobelisk, eine Nachbildung. Zwei solcher Säulen markierten einst die Einfahrt in den Kanal. »Patria et popula« heißt die Inschrift, »Für das Vaterland und das Volk«. Gemeint war aber nicht Schleswig-Holstein und auch nicht Deutschland, sondern das Reich der dänischen Krone.

Adresse Kanalstraße 65, 24159 Kiel-Holtenau, Tel. 0431/90896715 (Hafenwirtschaft) |
Anfahrt von der B 503 am nördlichen Ende der Kanalbrücke in die Prinz-Heinrich-Straße
und Richthofenstraße, rechts in die Kastanienallee bis zum Ufer, hier links | **Öffnungs-
zeiten** Di−So ab 11.30 Uhr | **Tipp** Folgt man der Kanalstraße weiter nach Westen, läuft
man an den Schleusenkammern vorbei durch Deutschlands nördlichste Platanenallee.
Japans Kaiser soll die Bäume zur Kanaleröffnung gespendet haben.

55__Die Plattform Wik

Seefahrt hören, riechen, fühlen

Vor wenigen Jahren noch konnte man an geführten Touren teilnehmen über die Schleuseninsel in Kiel, die zwischen den zwei kleineren Schleusenkammern an der Nordseite des Kanals und den zwei großen am Südufer liegt. Aus Angst vor Terrorakten hat man diesen Besucherservice eingestellt. Die Schleusen seien gefährdet, weil sie wesentliche Bausteine des transeuropäischen Verkehrsnetzes sind. Von einer teils überdachten und verglasten Plattform aus lässt sich aber auch heute gut erleben, was bei einer Schleusung passiert.

Auf dem Kanal steuert einer der Ozeanriesen die Schleusenkammer an. Er passt mit 40 Metern Höhe so gerade unter der Holtenauer Hochbrücke (siehe Ort 53) durch, hat schon Kilometer vorher sein Tempo gedrosselt. Ganz vorsichtig schiebt sich der 250-Meter-Koloss in die Kammer. Man kann den Stahlgiganten riechen. Man hört die Propeller, die das Schiff bremsen. Zentimeter für Zentimeter bugsieren Kapitän und Lotse es in die Schleuse. Die Festmacher legen armdicke Leinen um die Poller. Dann liegt das Schiff still. Mit einer Geschwindigkeit von acht Metern in der Minute wird das Schleusentor, das wie ein Eisenbahnwaggon auf Schienen fährt, geschlossen. Auf der Schleusenmauer haben jetzt Schiffsmakler und Ausrüster zu tun. Kräne hieven Paletten mit Nahrungsmitteln und Ersatzteilen an Bord. Das ist im Minutenrhythmus getaktet. Nach 30 Minuten öffnet sich die Schleuse zur Ostsee hin.

Die Plattform befindet sich am Südufer des Kanals genau über der Schleusentorkammer Nummer 4 im Kieler Stadtteil Wik. An warmen Tagen öffnet ein Open-Air-Bistro am Aussichtspunkt. Eine ganz andere Perspektive bietet sich von Bord der Personenfähre »Adler 1« aus, die unmittelbar vor den Schleusen jede Viertelstunde den Kanal zwischen den Stadtteilen Holtenau und Wik überquert. Die Fähre kreuzt sehr dicht die Route der Schiffe (Anleger an der Ecke Uferstraße / Schleusenstraße).

Adresse an der Uferstraße beim Zollamt, 24106 Kiel-Wik | **Anfahrt** von der B 503 in die Prinz-Heinrich-Straße, links in die Schleusenstraße, rechts in die Uferstraße | **Öffnungszeiten** täglich von Sonnenauf- bis -untergang | **Tipp** Das Relief »Kaiseradler« am Aufgang zur Plattform hing früher an der Levensauer Hochbrücke. Der Architekt Hermann Muthesius hat es als Hommage an Kaiser Wilhelm I. entworfen, der den Kanal bauen ließ.

56__Der Probenraum

Wenn die Knurrhähne Shantys singen

Der Knurrhahn lebt am Atlantikboden, aber auch in der Nord- und der Ostsee. Markant ist das breite Maul. Manche finden den Knurrhahn hässlich. Sein weißes Fleisch ist fettarm, hat eine süßliche Note. Im Tierlexikon steht, dass der Fisch seinen Namen der Fähigkeit verdankt, mit der Schwimmblase »knarzende, knurrende oder grunzende Geräusche« von sich zu geben. Ist also der Knurrhahn der ideale Namensgeber für einen Chor? In den Archiven des Lotsengesangsvereins Knurrhahn ist nicht zu finden, wie er zu seinem Titel kam. »Wir vermuten, weil der Fisch der einzige ist, der überhaupt Geräusche macht«, sagt Heinz-Helmut Bork, der 20 Jahre der Oberknurrhahn war, der Vereinsvorsitzende.

Im Eiswinter 1928/1929 ist die Kieler Förde zugefroren. Dutzende Schiffe sitzen fest. Man kann mit dem Auto übers Wasser fahren. In ihrer Wartehalle in Kiel-Holtenau, wo sie sich sonst bereithalten für den Einsatz, harren die Lotsen aus. Und fangen an zu singen. Die alten Lieder. Die Shantys, Arbeitslieder, die früher auf Großseglern den Rhythmus beim Hieven des Ankers, beim Setzen der Segel unterstützten. Die Pollergesänge, oft romantisierende Balladen, welche die Seeleute nach dem Festmachen im Hafen vortrugen. Sie erzählen von der Heimat und dem harten Leben auf See. 1929 schreiben die Lotsen, allesamt Kapitäne, diese Lieder auf und gründen den Gesangsverein.

Er trifft sich heute noch jede Woche in dem Haus, wo man früher auch probte. Inzwischen ist hier das Restaurant »Luzifer im Foerdeblick«. Die Sitzung in der Captains Lounge beginnt mit einem vierfachen Glasen, achtmal also schlägt der Oberknurrhahn die Glocke. Es folgt ein beherztes »Besanschot an!«, ein Gruß und auch Trinkspruch. Man hat ihn früher gerufen, wenn als Letztes auch das Besansegel eingebracht und die Schot, das Tau, festgezurrt war. Nach viel Klönschnack singen die Knurrhähne dann. Aus den Nebenräumen gibt's Applaus.

Adresse Kanalstraße 85, 24159 Kiel-Holtenau, Tel. 0431/32097424 (Restaurant Luzifer im Foerdeblick) | **Anfahrt** von der B 503 in die Prinz-Heinrich-Straße und die Richthofenstraße, rechts in die Kastanienallee, dann links | **Öffnungszeiten** Knurrhahn-Treffen jeden Do 20 Uhr, Restaurant April–Okt. Mo–So 9–23 Uhr, Nov.–März Mo–So 9–22 Uhr | **Tipp** Der historische Leuchtturm vor dem Lokal gilt vielen als der schönste der Ostsee.

57___Die Traumschiff-Meile

Die Ankunft der Kreuzfahrer ist jedes Mal ein Fest

Die Fotografen sind da, lange bevor die »Queen« in Sichtweite ist. Haben am Seegarten und auf der Reventloubrücke Position bezogen. Der beste Hintergrund, die ungewöhnlichste Perspektive bitte. Dann schiebt sich die »Queen Elizabeth«, edle Schwester der »Queen Mary 2« und der »Queen Victoria«, in Schleichfahrt in den Hafen. Klick. Klick. Klick. Vor der Kulisse der Werften bugsieren die Propeller den mitternachtsblauen Giganten, zwölf Decks hoch, an seinen Liegeplatz. Klick. Klick. Klick. Die Gemeinde der Traumschiff-Bewunderer und semiprofessionellen Schiffsfotografen ist groß in Kiel.

An manchen Tagen liegen bis zu fünf solcher Luxusliner im Hafen. Die »Queen Elizabeth« bringt 2.000 Touristen. Mit der »Koningsdam« kommen 2.500 Passagiere aus den USA, Australien und Kanada. An Bord der »MSC Fantasia« sind 3.200 Gäste. Für den Schifffahrtsreporter der Kieler Nachrichten immer ein Fest. Man geht den Ostseekai entlang, legt den Kopf in den Nacken und staunt über Größe und Anmut der schwimmenden Hotels. Und auf der anderen Seite der Förde hat am neuen Terminal im Ostuferhafen noch ein Kreuzfahrer festgemacht. Die Hälfte der 150 edlen Riesen, die Kiel im Jahr anlaufen, fährt auch durch den Kanal. Die, welche die Brücken – 42 Meter hoch – passieren können.

Man hat viel investiert in Hafenanlagen und schicke Terminals – und viel gewonnen. Die Kussmundflotte kommt gleich mit drei Aida-Schiffen. Von Jahr zu Jahr steigt die Zahl der Kreuzfahrt-Touristen, zuletzt waren es eine halbe Million im Jahr. Sie checken ein und aus oder kommen für einen Tag Landgang. Weil man die Mittelmeerreise schon hinter sich hat oder sich dort nicht mehr sicher fühlt, weil Südsee oder Karibik teurer sind, sind Reisen über die Baltische See gefragt. Reedereien mögen den Hafen, weil es hier keine Tide gibt. Altstadt und Shopping-Zone hat man in wenigen Minuten zu Fuß erreicht. Das gibt es nirgendwo sonst.

Adresse Ostseekai 1, 24105 Kiel-Altstadt | **Anfahrt** von der B 76 den Schildern »Fähren« und »Ostseekai« folgen | **Öffnungszeiten** Liegezeiten der weißen Riesen unter www.portofkiel.com | **Tipp** Vom Kai aus durch den Schlosspark zum Zoologischen Museum. Die Wal-Sammlung ist die artenreichste Deutschlands (Hegewischstraße 3, Öffnungszeiten: Di–Sa 10–17 Uhr, So 10–13 Uhr).

58__Hitlers U-Boot-Versteck

Der Durchbruch zum Kanal war schon geplant

Es muss eines dieser größenwahnsinnigen Projekte im Irrsinn von Hitler-Deutschland gewesen sein. Konkretes lässt sich in Archiven nicht finden. »Das war ja alles geheim«, sagen die Älteren. Aber sie erinnern sich an das, was durchgesickert war. Was so geredet wurde. Demnach planten das Verkehrs- und das Reichskriegsministerium, den Nord-Ostsee-Kanal über einen Stichkanal im Bett der drei Kilometer langen Schirnau mit dem Wittensee zu verbinden. Das Flüsschen entwässert den See in Bünsdorf. Durch den Stichkanal sollten die Schiffe von Hitlers U-Boot-Flotte den Wittensee erreichen und sich dort verstecken können. Soldaten-Unterkünfte gab es ja bereits am Nordufer bei Klein Wittensee. Das Dorf war Standort für einen Seefliegerhorst. Wasserflugzeuge starteten und landeten dort.

Noch bis 1942 sollen die Pläne recht konkret gewesen sein. Wie durchgeknallt sie waren, zeigen die wasserbautechnischen Dimensionen. Der Wittensee ist an seiner tiefsten Stelle 20 Meter tief. Im Mittel sind es nicht mehr als zehn. Zu flach, um abzutauchen. Gewaltige Bodenmassen hätten ausgebaggert werden müssen. Der Wasserspiegel des Sees liegt außerdem vier Meter über dem des Kanals. An der Einmündung des vorgesehenen Stichkanals hätte eine neue Schleuse die U-Boote um diese Höhe absenken oder heben müssen. Die Kriegswirren haben das Projekt offensichtlich gestoppt. Wie ernst es zu nehmen war, belegt der Ankauf von einem 60 Meter breiten Geländestreifen längs der Schirnau.

Nach dem Krieg haben britische Soldaten sich im Fliegerhorst einquartiert, später zogen Flüchtlinge in die Kaserne, zuletzt hat die Bundeswehr das Gelände genutzt. Vor wenigen Jahren hat die Gemeinde es der Bundesanstalt für Immobilienaufgaben abgekauft und es als Neubaugebiet »Am See« erschlossen. Der Wittensee mit seiner Vogelinsel ist beliebtes Surf- und Anglerrevier. Mit Motor darf aber nur Fischmeister Arne Bening aufs Wasser.

Adresse Am See, 24361 Klein Wittensee | **Anfahrt** von der A 7 (Ausfahrt Rendsburg/ Büdelsdorf) Richtung Eckernförde, nach sechs Kilometern rechts in die Dorfstraße, rechts in den Strandweg, auf der linken Seite | **Tipp** Die Windmühle »Auguste« im Nachbarort Groß Wittensee gilt als eine der schönsten im Land. Sie stammt aus dem Jahr 1874, ist voll funktionstüchtig. Waltraud und Hans Lemke und ein Förderverein kümmern sich um die Erhaltung (Mühlenstraße 1).

59__Der Kropper Busch

Etappenziel auf dem alten Ochsenweg

Das Stampfen der Hufe war schon von Weitem zu vernehmen, das Brüllen der Tiere und die Rufe ihrer Treiber. Vor ihnen eine Lawine Ochsen. Am Kropper Busch war der Weg, gesäumt von Gestrüpp und Bäumen, besonders beschwerlich. Teils tiefer Sand, teils morastig. Mühsam kämpften sich die Tiere voran. Den Treibern, die den Herden mit Pferd und Wagen folgten, zerbrach dabei manches Rad. Bis zu 50.000 Tiere wurden in wenigen Wochen im Frühjahr Richtung Süden getrieben. Mindestens 20 Kilometer am Tag waren das Etappenziel.

Viehhändler kauften den Kleinbauern in Jütland die sogenannten Grasochsen ab. In einer Schrift aus dem 14. Jahrhundert heißt es über die dänischen Ochsen: »Der jütische Schlag ist munter und hart, gedeiht bei mäßiger Nahrung schon, setzt aber, im Ganzen genommen, bei vorzüglicher Fütterung und Weide mehr Fleisch und Fett als Milch ab, daher er sich besser zur Mastung als zur Milchgewinnung eignet.« Die angekauften Tiere wurden zu sogenannten Driften vereinigt. Vom langen Treiben geschwächt und oft bis auf die Knochen abgemagert, setzten sie im Sommer auf den frischen Marschen in Friesland und Holstein mächtig Muskelfleisch an. An der Elbe und in Westfriesland zahlte man dafür im Herbst einen guten Preis.

Auch Ritter, Soldaten, Kaufleute und Pilger nahmen diese Route. Zigmillionen Ochsenhufe haben über Jahrhunderte einen Hohlweg in die Landschaft gefräst. Station wurde an den Krugwirtschaften gemacht. Der Futterschaffer reiste voran, um Heu für die Tiere, Verpflegung und Quartier für die Treiber zu bestellen. Der Weg war nicht nur beschwerlich, er war auch gefährlich. Wegelagerer lauerten vor allem im Kropper Busch.

»Du büs Kropper Busch noch ni vörbi.« Wie damals an der Herberge steht die Warnung vor Räubern auch an der Fassade des heutigen Hotels Kropper Busch. Hinterm Haus, 1864 gebaut, verläuft eines der gut erhaltenen Teilstücke des Ochsenwegs.

Adresse Kropperbusch 1, 24848 Kropp, Tel. 04624/802929 | **Anfahrt** an der B 77 von Rendsburg nach Kropp, auf der rechten Seite | **Tipp** Keine Ochsen, aber verwandte Vorfahren: die Wisente auf dem Gelände eines alten Bundeswehr-Munitionsdepots (Wisentring 13, Tel. 04624/802221, Öffnungszeiten: Ende April–Ende Okt. Do 11–17 Uhr).

60__ Die Kreidegruben

Aus Algen wurde »Weißes Gold«

Ohne Kreide kein Zement, kein Beton. Ohne Kreide also keine Elb-philharmonie, keine Straßentunnel, keine neuen Autobahnen. Die Rohstoffe Kreide, Ton und Sand werden im Ofen auf 1.450 Grad bis zur Schmelze erhitzt. Klumpen entstehen, die sogenannten Zementklinker. Sie werden fein gemahlen, in Silo-Schleppern und Papiersäcken transportiert. Zementpulver ist ein Bindemittel, in einer chemischen Reaktion mit Wasser wird es hart. Aus Zement und feinem Gestein macht man Beton. Die Lägerdorfer leben auf einer 400 Meter dicken Schicht sehr reiner Kreide. Eine Aussichtsplattform am Ende der Heidestraße erlaubt einen tiefen Einblick in das Innerste der Erde, in eine der imposanten Gruben.

Vor vielen Millionen Jahren war Nordeuropa von einem subtropischen Meer bedeckt. Winzige Algen bildeten Kalkplättchen als Panzer. Starben die Mikroorganismen, sanken sie auf den Grund. Geologen gehen davon aus, dass die Ablagerung von nur zwei Zentimetern Sediment etwa tausend Jahre gedauert hat. Demnach ist die Schicht des »Weißen Goldes« von Lägerdorf in 20 Millionen Jahren entstanden.

Bauern fanden den Rohstoff um das Jahr 1740. Zunächst bauten sie die Kreide oberflächlich ab, nutzten sie als Anstrich- und Düngemittel, zum Putzen und Scheuern. Richtige Gruben werden erst hundert Jahre später erwähnt, die Erdlöcher hatten einen Durchmesser von zwölf Metern und waren 15 Meter tief. Die Arbeiter hackten die Kreide mühevoll aus den Wänden, schaufelten sie hinauf, schafften sie mit Schubkarren fort. Heute reißt ein Schaufelradbagger bis zu 1.500 Tonnen Kreide in der Stunde aus der Grube, über endlose Förderbänder wird sie zum Werk des Unternehmens Holcim transportiert, einem der führenden Baustoffhersteller Deutschlands. Das Dorf ist geprägt von Fabrikanlagen. Aber den Grauschleier aus Kreidestaub, der früher über den Dächern, den Vorgärten und den Straßen lag, den gibt es nicht mehr.

Adresse Heidestraße, 25566 Lägerdorf | **Anfahrt** von der A 23 (Ausfahrt Lägerdorf) am Werk vorbei, links in die Dorfstraße, Rethwischer und Breitenburger Straße, links in die Bergstraße, links in die Norderstraße bis zur Heidestraße | **Öffnungszeiten** Plattform ganzjährig, Grubenführungen an ausgesuchten Terminen, Info: www.holcim.de/ werksfuehrung-laegerdorf.html | **Tipp** Das »Kreidemännchen« soll Sinnbild für die industrielle Entwicklung des Dorfes sein (gegenüber Haus Rosenstraße 22).

61 Das Fledermaus-Quartier
Für Zoologen eine Sensation

Als Kaiser Wilhelm II. die Levensauer Hochbrücke 1894 eröffnete, nannte er sie die schönste aller Brücken über den Nord-Ostsee-Kanal. Als 163 Meter langer Eisenfachträger überspannt sie die Wasserstraße in einem weiten Bogen. Die Brücke trägt eine Landstraße mit Fuß- und Radweg, und die Züge von Kiel nach Flensburg fahren darüber. Früher bildeten Türme über den gemauerten Widerlagern zwei Tore. In der Mitte gab es einen Bahnhof mit Getränkeausschank. Ihren Namen hat die Brücke von dem Flüsschen Levensau, das später zum Eider-Kanal ausgebaut wurde. Levensau heißt heute noch eine Ansammlung von Häusern oberhalb des Nordufers.

Für Zoologen ist die Brücke eine Sensation. Im Spätsommer und Frühherbst können sie hier das große Flattern beobachten. Dann kommen Tausende Fledermäuse aus ihren Sommerquartieren, um in den Widerlagern Winterschlaf zu halten. Durch Bogenfenster gelangen sie in ein Gewölbe und verkriechen sich dort in drei Zentimeter breiten Dehnungsfugen. Das dicke Gemäuer mildert die Temperaturen des Winters ab. Gesehen wurden schon Teich-, Zwerg-, Wasser- und Breitflügelfledermäuse. Für den Großen Abendsegler mit 40 Zentimetern Spannweite soll hier das größte Winterquartier Mitteleuropas sein. Das Verhalten der Tiere hat man mit Ultraschalldetektoren, Infrarotvideokameras und Fotofallen erforscht.

Aber jetzt wird der Kanal, der an dieser Stelle ein Nadelöhr ist, verbreitert. Eine neue Brücke, zwei rote Stahlbögen mit markanter Silhouette, soll die alte ersetzen. Was wird aus den Fledermäusen? Naturschützer und Biologen waren bei den Planungen dabei. Das nördliche Widerlager muss weg und wird ersetzt, das südliche will man erhalten. Und hofft, dass die Tiere umsiedeln. Frühestens 2021 wird die Brücke stehen. Das Wasserstraßen- und Schifffahrtsamt verspricht: »Wir unternehmen alles Nötige, die Hausbesetzung auch weiter zu ermöglichen.«

Adresse Levensauer Hochbrücke, 24161 Levensau | **Anfahrt** von der B 76 in den Kieler Weg Richtung Süden, links in die Eckernförder Straße, die über die Brücke führt | **Tipp** Die Brücke ist für Kanalfotos in Richtung Westen eine gute Perspektive. Auf der östlichen Brückenseite verlaufen Gleise, und in nur wenigen hundert Metern Entfernung stört die Brücke, welche die B 76 trägt, den Blick.

62 Der Müllenhoff-Brunnen

Geheimnisvolles Orakel der Elster im Wunderbaum

Den großen Freiheitskampf von 1500 hatten die Dithmarscher Bauern mit Tapferkeit und List gewonnen (siehe Ort 34), aber 59 Jahre später war es vorbei mit der Unabhängigkeit. Was hatten sie den 18.000 Kriegern des Feldherrn Johann Rantzau auch entgegenzusetzen? An Zahl waren die Verteidiger ohnehin unterlegen. Bewaffnet waren sie mit Mistgabel, Lanze, Axt und Morgenstern. Zügig bahnten sich die Angreifer von Albersdorf bis nach Heide ihren Weg. Wie der Historiker Robert Bohn berichtet, war die Schlacht »kurz und zeitüblich grausam«.

Auch von Nordosten waren die Eroberer gekommen. Metzelten sich durch Süderheistedt. An der Aubrücke zogen sie an einer prächtigen Linde vorbei. Der »Wunderbaum« war Symbol für den Stolz des ganzen Landes. Es hieß, er werde so lange grünen, wie die Dithmarscher ihre Freiheit verteidigen können. In einer Sage steht geschrieben: »Die Linde war höher als alle anderen Bäume umher, und ihre Zweige standen alle kreuzweis, also daß niemand ihresgleichen gewußt. Aber es war eine alte Verkündigung, sobald die Freiheit verloren wäre, würde auch der Baum verdorren. Und solches ist eingetroffen. Einst wird aber eine Elster darauf nisten und fünf weiße Junge ausbringen. Dann wird der Baum ausschlagen und von neuem grünen, und das Land wird wieder zu seiner alten Freiheit kommen.« Aus dieser Prophezeiung ist zunächst nichts geworden, der Baum steht auch nicht mehr. Aber frei fühlen sich die Dithmarscher heute durchaus.

Der Germanistikprofessor und Märchensammler Karl Viktor Müllenhoff aus Marne hat diese jahrhundertealte Sage ausfindig gemacht und 1845 veröffentlicht. Der Müllenhoff-Brunnen der Künstlerin Gertrud Wiebke erinnert an den Wissenschaftler und die Legende. Eine große Elster mit Hasenmaske findet man in der Königstraße. Die Skulptur verbindet die Sage mit dem Karneval, den die Marner besonders ausgiebig feiern.

Adresse Ecke Neue Bäckerstraße / Süderstraße, 25709 Marne | **Anfahrt** von der B 5 in die Bäckerstraße und die Neue Bäckerstraße | **Tipp** Die Königlich privilegierte Sonnen-Apotheke im Haus Markt 5 erhielt 1755 die Lizenz zum Handel mit Arzneien. Für den Pharmazeuten Jacob Capell hieß das: Niemand sonst in Marne und auch nicht in Brunsbüttel durfte Medizin verkaufen (von der Süderstraße geradeaus, rechte Seite).

63___Das Alte Pastorat
Als Luthers Freund zum Märtyrer wurde

Soweit bekannt ist, war diese die dramatischste Nacht, die das ehrwürdige Pfarrhaus erlebt hat. Am 9. Dezember 1524 beherbergt Pastor Nicolaus Boje den Reformator Heinrich von Zütphen, der Martin Luther nahesteht. Vor viel Publikum predigt von Zütphen am Abend in Meldorf. Aber die Reformation steht noch auf wackligen Beinen. Mönche und Mörder, die von den vorgeblich frommen Männern gedungen sind, überfallen nachts die Pfarre. Boje wird misshandelt, von Zütphen mit den Händen an den Schwanz eines Pferdes gebunden und nach Heide geschleift. Die Männer erschlagen ihn und werfen den Gottesmann ins Feuer. Weil der Tote nicht verbrennt, hackt man ihm am nächsten Tag Kopf, Hände und Füße ab. Luther schreibt die »Historie von Bruder Heinrich von Zütphens Märtyrertode«. Sie wird auch ins Plattdeutsche übersetzt.

Das Alte Pastorat hat mehr als 500 Jahre Geschichte hinter sich. Es gilt mit seinen reichen Verzierungen und dem Blendarkaden-Giebel als letztes erhaltenes Renaissancegebäude des sogenannten Meldorfer Typs. Erst war es Wohnsitz des Hauptpastors im Dom. Als 300 Jahre später dessen Turm niederbrennt, wird das Pfarrhaus entkernt und als Notkirche genutzt. Danach übernimmt die Gemeinde das Gebäude, es wird Museum. Aber das Haus verfällt. Feuchtigkeit und Schwamm haben ihm Anfang dieses Jahrhunderts so zugesetzt, dass man es aufgeben will. Bis sich ein Förderkreis zusammentut und Unterstützung bei Privatleuten, Stiftungen, Sparkassen und öffentlichen Förderern findet. Mit viel Geld retten sie das Pastorat.

Es ist heute Werkstatt und Laden für Menschen mit Behinderungen. Sie töpfern und weben kostbare Stoffe mit historischen Mustern. Gearbeitet wird an Jacquard-Webstühlen, deren ältester aus dem Jahr 1855 stammt. Der Franzose Joseph-Marie Jacquard hatte einen Webstuhl erfunden, den er mit Lochkarten programmieren konnte. Ein Vorläufer des Computers.

AC INCOLA REGNI TV MIHI FVLGENTIS CELSA ATRIA PANDIS OL
EIISQVE TVIS INQVE TVO SEMPER TEGMIN E TVTVS ERO

Adresse Papenstraße 2, 25704 Meldorf, Tel. 04832/999660 | **Anfahrt** auf der B 431 nach Meldorf, nach der Bahnüberquerung im Kreisverkehr geradeaus in die Domstraße, links in die Klosterstraße, nächste rechts | **Öffnungszeiten** Mo–Do 8–15.30 Uhr, Fr 8–18 Uhr, Sa 10–13 Uhr | **Tipp** Zurück zum Domplatz: Ebenfalls eine prachtvolle Fassade hat das Haus Nummer 6 am Südermarkt.

64__Der Elefantenmümmel

Ziel erreicht: Kunst, über die man reden kann

Wie das Kunstwerk zu seinem Namen kam, kann keiner mehr erklären. Der Bildhauer Johannes Michler, Dozent an der Muthesius-Kunsthochschule in Kiel, hatte sein Werk ohne Titel belassen. Mag sein, dass der größere Teil des Findlings in der Phantasie des einen oder anderen einem Dickhäuter ähnelt. Aber warum Mümmel? Das ist die Kurzform für Mümmelmann, wie der Heidedichter Hermann Löns eine Hasengeschichte nannte. Man hat heftig diskutiert in Meldorf, als die Skulptur im Zuge der Verschönerung der Fußgängerzone aufgestellt wurde. »Aber das ist bei Kunst üblich«, sagt Heiko Kerber, der im Rathaus für die Kultur zuständig ist. »Es ist ja der Sinn, dass man sich mit dem Werk auseinandersetzt.« Gestritten wurde natürlich auch ums Geld. Hätte man dafür nicht auch etwas Ordentliches aufstellen können? Etwas, das man auf Anhieb versteht? Heiko Kerber: »Gut, dass Kunst Geschmackssache ist.«

Dass der Elefantenmümmel seinen Platz vor dem Rathaus hat, geht auf eine PACT-Initiative zurück. Das PACT-Gesetz regelt in Schleswig-Holstein »Partnerschaften zur Attraktivierung von City-, Dienstleistungs- und Tourismusbereichen«. Innenstädte sollen damit aufgehübscht werden. Grundeigentümer und Geschäftsleute, die davon profitieren, einigen sich über eine finanzielle Beteiligung.

Künstlerisch wird Tischlers Werk als minimalistische Skulptur interpretiert, die mit Gegensätzen spielt. Mit zwei Schnitten im rechten Winkel zueinander hat der Bildhauer einen Teil des Findlings herausgetrennt, die Schnittflächen poliert. Ein dunkler Kontrast zur sonst hellen Hülle des Steins. Den blauen Stahlstuhl ohne Sitzfläche und mit offener Rückenlehne hat der Künstler in den Leerraum geschoben. Es wirkt, als würde das Gewicht des Klotzes von dem filigranen Stuhl getragen. Über Stein-Exponate von Johannes Michler kann man auch im Kieler Hiroshimapark und in der Eckernförder Fußgängerzone diskutieren.

Adresse Ecke Rathausplatz / Zingelstraße, 25704 Meldorf | **Anfahrt** auf der B 431 nach Meldorf, nach der Bahnüberquerung im Kreisverkehr geradeaus in die Domstraße, am Domplatz (Südermarkt) parken, zu Fuß über die Spreetstraße zum Rathausplatz | **Tipp** Die Zingelstraße ist Fußgängerzone. In Meldorf wird sie Gehstraße genannt. Auch den Platz am Ende hat man schön gestaltet.

65 Die Pferdekopfpumpe

Wie Bauer Reimers Goldgräber wurde

Edwin Drake wird zugeschrieben, 1858 im US-Staat Pennsylvania als Erster schwarzes Gold, Erdöl, gefunden zu haben. Stimmt aber nicht! Es war an der Waterkant. Zwei Jahre zuvor schickt in Dithmarschen der Bauer Peter Reimers seine Kühe und Schafe im Frühjahr auf die Weide. Und die haben Durst. Also will Reimers einen Brunnen ausheben. Er gräbt tiefer und tiefer. Schmutzigen, stinkenden Sand fördert er zutage. Ein Lehrer hat den richtigen Riecher. Er bringt eine Handvoll des Schlamms zu einem Apotheker. Der kennt einen Geologen und Chemiker an der Kieler Universität. Ludwig Meyn reist mit einem einfachen Handbohrer zu Bauer Reimers. Auf der Wiese setzt er zur ersten Erdölbohrung an. Die Dithmarscher Blätter vermelden: »Er kam zwölf Meter tief. Das erhoffte flüssige Öl fand er indessen nicht.« Aber aus dem Ölschlamm können später Asphalt und Maschinenöl, Petroleum und Lack für Särge gewonnen werden. Reimers Fund war der Beginn des Erdölzeitalters in Schleswig-Holstein. Reich geworden ist er nicht.

Die Quellen von Edwin Drake sprudeln längst, als man nach vielen Fehlschlägen 1935 tatsächlich auch bei Hemmingstedt in 400 Metern Tiefe auf flüssiges Erdöl stößt. Benachbarte Felder werden erschlossen. Dithmarschen erlebt seinen Ölboom. Die Förderpumpen werden so landschaftsprägend, wie es heute die Windkraftanlagen sind. Gestängetiefpumpen stehen auf den Äckern und Wiesen. Wegen ihres Aussehens und ihrer Bewegung nennt man sie Pferdekopfpumpen oder Nickesel. Zu Beginn der 90er Jahre des vergangenen Jahrhunderts sind die Öllagerstätten an Land erschöpft. Die Pumpe, die in Meldorf als Denkmal steht, hat 55 Jahre genickt.

Der Traum vom schwarzen Gold holt die Region wieder ein. Jahrzehntelang wurde Bohrschlamm in Gruben gekippt. Quecksilber und Arsen sind eine Gefahr, hundert Altlast-Verdachtsfälle werden geprüft. Auch in Trinkwassereinzugsgebieten wurde verklappt.

Adresse Ecke Domstraße / Kampstraße, 25704 Meldorf | **Anfahrt** auf der B 431 nach
Meldorf, nach der Bahnüberquerung im Kreisverkehr geradeaus, auf der rechten Seite |
Tipp Der Meldorfer Dom war früher auch Seezeichen. Erst durch Landgewinnung
geriet er sechs Kilometer ins Binnenland. Gleich um die Ecke.

66__Der Sparschrank

Wo blieb, was vom Lohn übrig blieb

Auch wer früher viel arbeitete, hatte am Ende der Woche oft nur ein paar Groschen übrig. Zu wenig, um damit ein Sparbuch eröffnen zu können. Damals wurde die Idee der Sparvereine geboren. In Tante-Emma-Läden, manchen Büros und fast allen Kneipen hingen bunte Blechschränke an der Wand mit vielen kleinen Fächern, nummeriert und namentlich gekennzeichnet. Man traf sich abends zum Bier, und wer eine Mark übrig hatte, steckte sie vor dem Nachhauseweg in sein Fach. Einmal im Monat hat der Wirt den Schrank geleert und das Geld seiner Kunden zur Bank oder Sparkasse getragen. So kam im Laufe des Jahres etwas zusammen. Ihre große Zeit hatten Sparschränke vor allem bei den Malochern im Bergbau und den Gießereien des Kohlenpotts sowie bei den Seeleuten und Hafenarbeitern im Norden. Der Sparschrank war Kulturgut. Wo man heute noch einen findet, ist er eher Kult.

In der Sammlung der Alltagskultur im Dithmarscher Landesmuseum in Meldorf hat man ein Stammlokal aus den 1930er Jahren rekonstruiert. Im »Hamburger Hof«, wo sich der Gesangsverein und die Krabbenfischer trafen und der von 1933 bis 1945 NSDAP-Treffpunkt war, hängt auch ein Sparschrank am Tresen. Meldorf ist Sitz der Firma Nordia Feinblech. Das Unternehmen, in den Goldenen Zwanzigern in Berlin gegründet, war Marktführer der mit Pulver beschichteten Blechkisten. Zwölf Fächer hatte die kleinste, 132 die Ausführung für Gaststuben mit viel Publikumsverkehr. In guten Jahren hat Nordia 10.000 Schränke verkauft. Eine Million waren es insgesamt.

Nun hat man die Produktion eingestellt, sich als Zulieferer für Medizintechnik und Luftfahrt spezialisiert. 1980 begann das Geschäft abzuflauen. Zuletzt hat Nordia nur noch fünf Prozent seines Umsatzes mit den Sparschränken gemacht. »Früher sparten die Leute erst und kauften dann. Heute ist es umgekehrt«, sagt Geschäftsführer Sven Ulrich. »Der Sparschrank ist Liebhaberei geworden.«

Adresse Bütjestraße 2–4, 25704 Meldorf, Tel. 04832/600060 (Museum) | Anfahrt
auf der B 431 nach Meldorf, nach der Bahnüberquerung im Kreisverkehr geradeaus
in die Domstraße, rechts in die Bütjestraße | Öffnungszeiten Di–Fr 11–16.30 Uhr,
So 11–16 Uhr, Juli–Aug. auch Sa 11–16 Uhr | Tipp Berührend: die Dokumentation
über die Flüchtlinge, die nach dem Zweiten Weltkrieg in Dithmarschen einquartiert
wurden. Pro Person standen vier Quadratmeter Wohnraum zur Verfügung.

67 Die Baumkirche

Ein besonders sinnlicher Ort

Reizend ist es vor allem, wenn das junge Grün sprießt. Wenn das Blattwerk noch nicht zu dicht ist und die Sonne die Kirche beleuchtet. Wenn nah und fern Vögel Hosianna rufen und gar nicht mehr aufhören wollen damit. Hochzeiten und Taufen werden an diesem sinnlichen Ort zelebriert. Ostern, Himmelfahrt und Erntedank werden unter der grünen Kuppel gefeiert. Man ist eins mit der Natur.

Die Baumkirche ist maßstabgetreu der Kirche Sankt Marien in Rendsburg nachempfunden (siehe Ort 85). Die Säulen sind hier Eichen. Der Steinboden ist Rindenmulch. Altar und Kanzel sind aus Holz grob gezimmert. Das Bildnis des Franz von Assisi, in Glas graviert, beschließt den Chorraum. Hat der Himmel kein Einsehen und es regnet, wird der Gottesdienst unter dem Dach der Remise des Kolonistenhofes gefeiert, zu dem die Kirche gehört.

Der Naturerlebnisraum Kolonistenhof ist eine Einrichtung des Marienhofes, einer Werkstatt der Diakonie für Menschen mit körperlicher, geistiger oder seelischer Behinderung. Hier werden sie gefördert und beruflich gebildet, hier haben sie einen Arbeitsplatz. In einer »Servicegruppe« übernehmen sie hauswirtschaftliche Aufgaben, pflegen den Garten, betreuen Besuchergruppen, backen mit den Gästen Brot. Die »Hofgruppe« versorgt die Tiere, arbeitet mit Holz, hilft bei der Kartoffelernte.

Die Anlage dokumentiert außerdem die Geschichte der Siedler, die der dänische König im 18. Jahrhundert aus dem Württembergischen nach Schleswig-Holstein lockte. Er brauchte Menschen, die ihm das karge Land urbar machten, versprach ihnen ein Haus, Werkzeuge für den Acker und eine Kuh. Als sie nach langen Strapazen ankamen – war nichts. Aus Findlingen bauten sie Erdhütten, deckten sie mit Reet. Eine letzte erhaltene Hütte steht auf dem Hof. Und ein Eiskeller für Vorräte. Er war so gut isoliert, dass Eisschollen, die man im Winter aus nahen zugefrorenen Seen sägte, den ganzen Sommer über hielten.

Adresse Bornbarg 11, 24791 Neu Duvenstedt, Tel. 04338/999799 | **Anfahrt** von der A 7
(Ausfahrt Rendsburg / Büdelsdorf) auf der B 203 Richtung Eckernförde, links nach Neu
Duvenstedt, den Schildern »Kolonistenhof« folgen | **Öffnungszeiten** Außenanlage mit
Kirche ganzjährig, Führungen auf Anfrage | **Tipp** Vom Kolonistenhof steigt ein Skulpturen-
weg einen Hügel hinauf. Regionale Künstler stellen aus.

68__Der Tiefpunkt

Dreieinhalb Meter unter null: Deutschland ganz unten

Sicher ist der höchste Punkt Deutschlands, die Zugspitze, spekta-
kulärer und der größere Touristenmagnet. Aber Weitblick hat man
hier auch. Auf Windräder, die sich in der Ferne drehen. Auf die
Aebtissinwischer Feldmark. Auf die Weide direkt vor dem Besucher. Genau genommen liegt er dort, Deutschlands tiefster Punkt,
35 Meter vom Parkplatz entfernt. Jetzt grasen Rinder darauf und
setzen ihre Haufen.

Viel gibt es nicht zu sehen an dem Rastplatz an der Landstraße.
Einen Besucherpavillon, eine Infotafel unter Reet. Ein Dixi-Klo findet man auch. Ein acht Meter hoher Holzpfahl markiert die Höhe
der Sturmfluten vergangener Jahrhunderte und macht deutlich, wie
hoch das Wasser hier gestanden hätte, gäbe es die Deiche nicht. Ein
zweiter zeigt das Niveau des Meeresspiegels und veranschaulicht,
wie tief es hier ist: 3,54 Meter unter Normalnull. Die Deutschland-
fahne flattert über allem. Das Gebiet der Wilstermarsch, wie dieser
Landstrich heißt, liegt so niedrig, weil der torfige Boden durch Entwässerung abgesackt ist. Besucher zeigen sich in einem Gästebuch
beeindruckt: »Ein Hoch auf das Tief«, ist zu lesen. Oder: »Jetzt kann
es nur noch bergauf gehen.« Eine Gruppe Radfahrer aus Cuxhaven
schreibt: »Wir erscheinen, streng genommen, bei solch einem Gefälle ein wenig heruntergekommen.«

Man hat lange konkurriert mit anderen Orten im norddeutschen
Flachland, wo denn nun tatsächlich der Tiefpunkt zu finden sei.
Bis Landvermesser kamen und der Debatte ein Ende setzten. Seit
September 1988 hat die Gemeinde es schwarz auf weiß, bestätigt
vom Innenministerium des Landes. Den Tiefenrekord hält Neuen-
dorf-Sachsenbande. 3,539 Meter unter Normalnull sind es ganz genau. Neuerdings kann man im Internet Schlüsselanhänger mit Chip
für den Einkaufswagen und Kaffeetassen als Souvenir bestellen. Die
Tiefste Landstelle wird jetzt großgeschrieben, als Eigenname. Es
geht nach oben.

Adresse an der Straße von Neuendorf-Sachsenbande nach Burg, 25554 Neuendorf-Sachsenbande | **Anfahrt** auf der B 5 nach Wilster, Richtung Neuendorf-Sachsenbande, weiter Richtung Burg, auf der linken Seite | **Tipp** Schaukelerlebnis in sanften Wellen: Wer die Straßen rund um Deutschlands Tiefpunkt abfährt, fühlt sich wie im Traditionskarussell »Krinoline« auf dem Münchner Oktoberfest.

69__Die Wilsterau

Sich treiben lassen, den Eisvogel suchen

Nur das sanfte Plätschern der Bugwelle ist zu hören. Das Eintauchen des Paddels, wenn es ins Wasser sticht. Fast lautlos gleitet das Kanu dahin. Rinder, Schafe, Pferde, die auf saftigen Uferwiesen grasen, heben die Köpfe, glotzen. Der Paddler glotzt zurück. Alte Höfe ziehen vorbei. Angler sitzen auf Zander und Barsche an. Im Schleichgang geht's durch Seerosenfelder. Fischreiher sind häufiger zu sehen. Der türkisblaue Eisvogel, der sich hier auch wohlfühlt, flüchtet schnell.

»Diese Ruhe ist es«, sagt Ute Beimgraben. »Man ist weit weg von der Straße. Das macht das Paddeln auf der Au so erholsam.« Dass die Wilsterau nahezu strömungsfrei ist, macht das Erlebnis gemütlich. Ute Beimgraben und ihr Mann Karsten lassen sich selbst immer wieder im Kanu treiben. Seit einigen Jahren vermieten sie an ihrem Steg die Boote auch. Bis aus Hamburg kommen die Kunden, die Abstand vom Alltag suchen. Zum Nord-Ostsee-Kanal paddelt man etwa eine Stunde. Richtung Wilster sind es vier bis fünf. Für eine Tagestour mit Rückweg ein anspruchsvolles Programm.

Durch den Bau des Kanals ist die Wilsterau seit mehr als 120 Jahren abgeschnitten von ihrer natürlichen Quelle, die bei Burg auf der westlichen Kanalseite lag. Die Au beginnt jetzt am Ostufer, ist über ein Schöpfwerk mit dem Kanal verbunden. Zunächst geht es nach Südost, dann nimmt der Fluss einen Bogen nach Süden. Er erreicht Rumfleth und Wilster und fließt am Wilstersperrwerk bei Kasenort in die Stör, die in die Elbe mündet. 20 Kilometer ist die Wilsterau noch lang. Naturschützer fürchten, dass sie verschlickt, weil ihr seit dem Kanalbau die Fließgeschwindigkeit fehlt.

Wer Richtung Kanal paddelt, kommt etwa auf halber Strecke in Oberstenwehr am Erlebnisbauernhof von Imke Strüven vorbei. Ein blaues Schild am Ufersteg lädt zum »Coffee to Paddeln« ein. Wer klingelt, den versorgt Imke Strüven mit heißem Kaffee oder Eis. Zelten kann man auch.

Adresse Achterhörn 7, 25554 Neuendorf-Sachsenbande, Tel. 04825/7649 und 0162/2122510 | **Anfahrt** von der A 23 (Ausfahrt Itzehoe-Süd) nach Wilster, dort Richtung Burg, vor der Brücke über die Wilsterau rechts | **Öffnungszeiten** April – Okt. nach Vereinbarung | **Tipp** Imke Strüven verwöhnt die Paddler auch mit selbst gebackenem Kuchen. Aber nur auf Vorbestellung (Tel. 04825/9167).

70__Die Obstplantage
Himmlischer Platz an der Sonne

Ganz langsam fahren die dicken Pötte. Der Kanal schneidet sich durch sanfte Endmoränenhänge, macht eine für Schiffe enge Kurve, ist hier zudem besonders schmal. Man sitzt auf Bierbänken, die zwischen Kirschbäumen stehen. Besonders malerisch ist das, wenn die Bäume blühen oder schon die roten Früchte hängen. Wenn die Frachter und Traumschiffe vorbeiziehen, ist es, als würden sie durch den Garten fahren. Den Platz an der Sonne, wie die Passagiere an Deck, hat man auch auf der Bierbank. Dazu weht – fast immer – eine kühlende Brise.

20 Meter oberhalb des Kanals ist das Obst-Café von Gut Warleberg eingebettet in himmlische Plantagen. Von Mai bis Juli leuchten die Erdbeeren. Dann schon die süßen Kirschen. Bis August Himbeeren, Johannisbeeren, Heidelbeeren, Sauerkirschen und Schattenmorellen. Auf halber Strecke des holprigen Fahrwegs zum Café steht ein Verkaufsstand. Oder man lässt dort abwiegen, weil Selberpflücken viel sinnlicher ist.

Gut Warleberg liegt auf der anderen Straßenseite. Eingerahmt von 300 Jahre alten Eichen, Buchen, Linden. Das gelb gestrichene, prachtvolle Herrenhaus wurde Anfang des 20. Jahrhunderts gebaut. Nach alten Plänen, ein Großfeuer hatte das Vorbild niedergebrannt. Urkundlich wird an dieser Stelle erstmals 1305 ein Dorf Werleberghe erwähnt. Bis Anfang des 19. Jahrhunderts war das Gut Adelssitz mit häufig wechselnden Besitzern. 140 Jahre lang wurden von hier aus auch die Bewohner des Kieler Schlosses mit Feinem vom Lande versorgt. Das Herrenhaus ist umstellt von Wirtschaftsgebäuden, das Gut wird jetzt in vierter Generation von Henrik Buchenau und einem Partner bewirtschaftet. An der nahe liegenden Warleberger Mühle legen Hühner Freilandeier. Man betreibt außerdem Ackerbau und Forstwirtschaft. Das Obst, das Kunden nicht schon auf der Plantage naschen und kaufen, wird an Supermärkte geliefert. Oder in gelben Häuschen direkt vermarktet.

Adresse Gut Warleberg, 24214 Neuwittenbek, Tel. 04346/7077 | **Anfahrt** von der B 76 nach Altwittenbek und Neuwittenbek, weiter geradeaus, auf der linken Seite (ist ausgeschildert) | **Öffnungszeiten** Plantage: ab Mai Mo–So 8–19 Uhr, Obstcafé: ab Mai Fr–So 13–18 Uhr, in der Obstsaison: Mo–So 13–18 Uhr | **Tipp** Ein Fußweg führt von der Plantage direkt zum Kanalufer. Noch etwas weiter nach Westen legt die Fähre Landwehr an.

71__Das Trutz, Blanke Hans

Wird man die Nordsee aufhalten können?

Mit ganzer Kraft stemmen sich zwei Männer gegen die von ihnen aufgestellte Barriere. Der eine drückt mit den Armen, der andere hält mit seinem Rücken dagegen. Grob behauene Findlinge auf der anderen Seite des Hindernisses stellen die Sturmflut dar. Das Wasser leckt schon über den Schutzwall. Die Skulptur des Bildhauers Heinrich Gnekow steht auf dem Deich am neuen Meldorfer Hafen. Sie symbolisiert den Kampf der Menschen gegen die Naturgewalten der Nordsee. Das Kunstwerk entwickelt eine monumentale Wucht. Wie die große Flut in der Februarnacht 1962, als in Hamburg 300 Menschen ertranken. Auch in der Meldorfer Bucht brach der Deich, Menschen und Tiere wurden evakuiert, viele Häuser zerstört. Es ist aber niemand ums Leben gekommen.

»Trutz, Blanke Hans« hat der Künstler sein Werk genannt. »Trutz, Blanke Hans«, überschrieb der Heimatdichter Detlev von Liliencron seine wohl berühmteste Ballade. Darin verarbeitet er die Geschichte der legendären Stadt Rungholt, die durch den Handel mit Salz und Bernstein so reich wie Rom, aber auch sehr gottlos geworden sein soll. Tatsache ist, dass Rungholt in der sogenannten Groten Mandränke (Großes Ertrinken) von 1362 unterging. Die Flut veränderte die gesamte Küstenlandschaft. Die Halligen blieben zurück, von Sylt nur ein Teil. Nahe der Hallig Südfall soll Rungholt im Meer versunken sein.

Der Blanke Hans ist die friesische Bezeichnung für die Nordsee. Die Liliencron-Ballade endet: »Ein einziger Schrei – die Stadt ist versunken, und Hunderttausende sind ertrunken. Wo gestern noch Lärm und lustiger Tisch, schwamm andern Tags der stumme Fisch.« Die Flut von 1962 hat auch die Meldorfer Bucht verändert. Man baute von Büsum bis Friedrichskoog einen neuen Deich ins Meer. Neun Jahre hat das gedauert, weil der Wall immer wieder brach. Erst 1978 konnte er geschlossen werden. Damals hat man die Skulptur von Heinrich Gnekow aufgestellt.

Adresse am Ende der Deichstraße, 25704 Nordermeldorf | **Anfahrt** von der B 5 in Meldorf nach Nordermeldorf, links in die Straße Dritter Querweg, die Koogstraße überqueren, links in die Deichstraße | **Tipp** Hinter dem Deich ist der Speicherkoog entstanden. Am Kiosk am Surfer-See verkauft Bärbel Wengatz Buttermilchkuchen vom Blech. Im Parkschein ist der Kaffee bei ihr inbegriffen.

72__Die Zugvögel

Sie sind im Biotop gelandet

Im Vogelschutzgebiet machen sie eine gute Figur. Aus Stahlblechen, die als Abfall beim Schiffbau anfielen, hat Fritzi Metzger ihre sechs Zugvögel gefertigt und sie auf einer Schafweide am Weg zur Badestelle Nordermeldorf aufgestellt. Die Künstlerin, die auch mit Niki de Saint Phalle zusammengearbeitet hat, verschweißte jeweils zwei gleich große Teile mit Streben. Drei Meter groß sind die Vögel, die in einer Reihe auf Sockeln stehen. Fritzi Metzger hat sie gelb angepinselt.

Ihre Vögel sind im Speicherkoog gelandet. Der ist entstanden, nachdem man nach der Sturmflut von 1962 den Deich hochgezogen hat (siehe Ort 71). Neues Land wurde geboren, das gleichzeitig Auffangbecken für die Entwässerung des Hinterlandes ist. Wenn jetzt bei hohen Fluten das Wasser aus dem Binnenland nicht in die Nordsee ablaufen kann, nimmt der Koog das Süßwasser auf und verhindert Überschwemmungen der Marsch bis zu 20 Kilometer ins Landesinnere. Zwei Naturreservate konnten sich entwickeln. Das Kronenloch und das Wöhrdener Loch. Hier stehen die Vögel.

Das Loch im Norden des Koogs ist ein Süßwasserbiotop. Halbwilde Konikpferde leben hier in einer Herde, die Population nimmt stetig zu. Sie sind natürliche Landschaftspfleger wie Schafe und Gallowayrinder. Die Tiere halten die Vegetation kurz. Das Gelände bleibt so attraktiv als Brutplatz, Rastplatz und Futterstelle für Wiesen- und Küstenvögel. Das Kronenloch im Süden, wo bei geöffnetem Deichsiel Wasser ablaufen wie einströmen kann, ist eine Salzwasserlagune. Der Queller gedeiht hier. Das aufgestaute Wasser ist Surferparadies. Sonst fühlen sich hier Nonnengänse, Alpenstrandläufer, Schilfrohrsänger oder Uferschnepfen wohl. Ornithologen haben 180 Vogelarten gezählt, die im Koog brüten oder rasten. Zur Vogelzugzeit sind über 10.000 Vögel im Revier. Der Speicherkoog, von Menschen gemacht, wird von der Natur erobert. Das war das Konzept.

Adresse Ecke Dritter Querweg/Deichstraße, 25704 Nordermeldorf | Anfahrt von der
B 5 in Meldorf nach Nordermeldorf, links in die Straße Dritter Querweg, die Koogstraße
überqueren, bis zur Deichstraße | Tipp Das Fernrohr und den Fotoapparat dabei? Am
Rand des Kronenlochs und des Wöhrdener Lochs stehen Beobachtungshütten, um
unbemerkt die Vögel zu studieren.

73__Der Tempel von Nordoe
Wie der Graf den König austrickste

Heinrich Graf zu Rantzau war Statthalter des dänischen Königs Friedrich II. Er hat den Gutshof Breitenburg in der Mitte des 16. Jahrhunderts zum Schloss mit Renaissance-Verzierungen und der ersten protestantischen Kapelle in Holstein ausgebaut. Der Grafensitz wurde politischer und humanistischer Salon, Heinrich Rantzau empfing hier die Gelehrten seiner Zeit. Als cleverer Finanzjongleur galt er ebenfalls. Mit seinen Gütern brachte er es zu solchem Wohlstand, dass er sogar dem manchmal klammen Königshaus Geld leihen konnte. Ein Schlitzohr muss der Graf auch gewesen sein. Wenn die Legende stimmt.

Im Jahr 1578 soll es gewesen sein. Der König war mal wieder zu Besuch auf Breitenburg, und die zwei Freunde machten einen Ausflug. Besonderen Gefallen fand Seine Majestät am stattlichen Kirchturm im Dörfchen Krempe. Da ging der Graf mit dem König eine Wette ein: In nur einer Nacht, so prahlte er, könne er einen Turm bauen, dessen Spitze die der Kremper Kirche überrage. In der Dunkelheit ließ er auf der Binnendüne Nordoe, dem höchsten Hügel der Region, ein Monument errichten. Einem Obelisken ähnlich, kaum fünf Meter hoch. Setzte eine Wetterfahne obendrauf. Am nächsten Morgen führte er den König dorthin. Landvermesser prüften die Sache. Tatsächlich: Die Spitze ragte höher empor als die der damaligen Kirche. Als Wettgewinn soll der Monarch Mühlenrechte abgetreten haben. Im Heidentum hatte man den Hügel als Sitz der Nymphen verehrt. Darauf wird die Bezeichnung »Tempel« zurückgeführt.

Ein unterirdischer Gang soll von hier zum Märchenschloss Breitenburg führen. Von Zwergengold erzählt man dort und von den Tricks, mit denen Feldherr Wallenstein die Burg erobert hat und plündern ließ. Das Anwesen wird seit 500 Jahren von den Familien der Grafen zu Rantzau bewohnt. Es ist heute ein moderner landwirtschaftlicher Betrieb mit vielen Wäldern, Immobilienverwaltung, Golfclub und Pferdezucht.

Adresse Birkenweg, 25524 Nordoe/Breitenburg | **Anfahrt** von der B 77 in den Birkenweg, auf der linken Seite | **Öffnungszeiten** Führungen durchs Schloss auf Anfrage (Am Schloss, Tel. 04828/293) | **Tipp** »Breitenburger Fähre« heißen ein Gasthaus und eine Brücke über den Fluss Stör. Sie hat 1621 die Fähre ersetzt (vom Schloss auf der Straße Am Schloss Richtung Norden).

74 Der Gieselau-Kanal

Er verbindet den Nord-Ostsee-Kanal mit der Eider

So groß sieht die Schleusenkammer unter der alten Kastanie gar nicht aus, aber tatsächlich passen Schiffe bis zu einer Länge von 65 Metern hinein. Handelsschiffe wurden aber schon lange keine mehr gesehen. Überwiegend nutzen Sportboot-Kapitäne die Gieselau-Schleuse. Der Gieselau-Kanal verbindet den Nord-Ostsee-Kanal mit der Eider. Weil ihr Wasserstand im tief gelegenen Umland niedriger ist als der im Kanal zwischen Brunsbüttel und Kiel, müssen die Boote in der Schleuse auf das entsprechende Niveau angehoben oder abgesenkt werden.

Man hatte beim Bau des Nord-Ostsee-Kanals in Rendsburg die Obereider von der Untereider getrennt. Das hatte Konsequenzen. Der Wasserhaushalt der Untereider geriet durcheinander, teils verlandete sie und musste ständig ausgebaggert werden, teils kam es zu schlimmen Überflutungen, weil das Wasser nicht ablaufen konnte. Zudem hätte man die Untereider irgendwann ausbauen müssen, um die Schifffahrt ab Bokelhoop bis Rendsburg weiterhin zu ermöglichen. Der Bau des Gieselau-Kanals war in beiden Fällen die Lösung. Er lenkte die Eiderschifffahrt ab 1937 in den Nord-Ostsee-Kanal, und der Wasserhaushalt pendelte sich wieder ein. Von der Schleuse führt der Gieselau-Kanal 2,8 Kilometer weit bis zur Eider. Er verläuft auf der Strecke des Baches Gieselau, aber nicht in dessen Bett.

2008 drohte die Schließung. Man hat aber die Gieselau-Schleuse und die Zugbrücke darüber in den vergangenen Jahren wieder in einen ordentlichen Zustand versetzt. Mit digitaler Technologie. Schleusenwärter Wolfgang Jens und sein Kollege müssen nicht nur ihre Schleuse im Auge haben. Über Monitore verfolgen sie, was sich auf dem Nord-Ostsee-Kanal tut. Passiert ein großer Pott die Einmündung des Gieselau-Kanals, können sie die Schleuse nicht öffnen. Der Sog des Schiffes würde so viel Wasser aus dem Gieselau-Kanal ziehen, dass dort der Wasserstand um anderthalb Meter sinken würde.

Adresse Gieselau-Schleuse, 25557 Oldenbüttel | **Anfahrt** von der B 203 in Hamdorf
Richtung Breiholz, rechts in die Hauptstraße Richtung Oldenbüttel, weiter über die
Straße Bokelhoop, rechts in die Straße Gieselau-Schleuse | **Öffnungszeiten** Schleusungs-
zeiten April–Okt. Mo–Fr 8–13 und 14–18 Uhr, Sa, So 8–12 und 14–19 Uhr, Nov.–März
Mo–Fr 8–13 Uhr und 14–17 Uhr, Sa, So 8–12 Uhr | **Tipp** Von der Schleuse 1.500 Meter
nach Norden: schöner Blick auf den Zusammenfluss von Eider und Kanal.

75__Der Windkrafthafen

Umschlagrekorde mit Energie-Bauteilen

Flügel für Windkraftanlagen lagern im Schwerlasthafen. Auf der Freifläche daneben sind Hunderte Bauelemente für Windkrafttürme platziert. Solch ein etwa 140 Meter hoher Turm besteht aus 17 Betonringen, die aus Halbschalen zusammengesetzt sind. Obendrauf kommt eine Stahlspitze. Von Hybridtürmen spricht die Branche, weil hier zwei Werkstoffe kombiniert werden. Der Betonbauer Bögl, eigentlich im Bayerischen zu Hause, fertigt die Betonringe seit 2014 auch in Osterrönfeld am Rande des Rendsburg Ports. 55 Millionen Euro hat das Unternehmen in die neue Fabrik investiert. Täglich verlässt ein Windkraftturm die Halle. 75 Prozent der Produktion werden auf dem Wasserweg bis nach Skandinavien verfrachtet. Jeden zweiten Tag verlässt ein Schiff mit Bauteilen für Windkraftanlagen den Hafen.

Die Bögl-Investition hat den Rendsburg Port beflügelt. Erst 2012 als eines der modernsten Zentren für Schwerlastlogistik in Nordeuropa gestartet, meldet er von Jahr zu Jahr neue Umschlagrekorde. An der 300 Meter langen Kaimauer haben zwei große Schiffe Platz. Eine schwerlastfähige Straße verbindet den Hafen mit der Bundesstraße B 202, den Autobahnen A 210 und A 9 sowie einem Gewerbegebiet. Weitere Produktions- und Dienstleistungsunternehmen der Windkraft- und Maschinenbaubranche haben sich angesiedelt. Man hat aber noch sehr viel Platz und hofft auf weitere Unternehmen. Ein Alleinstellungsmerkmal ist, dass der Hafen auf das Verladen von sehr schweren Gütern ausgerichtet ist. Er ist außerdem sauber, Massengüter wie Kohle oder Kies werden nicht umgeschlagen.

Eine Besonderheit sind zwei Hafenmobilkräne auf acht Achsen mit Gummibereifung. Im synchronisierten Tandembetrieb, gesteuert mit einer Fernbedienung, können die Kräne zusammen Lasten von bis zu 250 Tonnen heben. Zum Vergleich: Ein Airbus A 320 kommt auf ein Leergewicht von 32 Tonnen, voll betankt und voll besetzt auf 73 Tonnen.

Adresse Albert-Betz-Straße 3, 24783 Osterrönfeld, Tel. 04331/4373981 | **Anfahrt** über die B 202 (Ausfahrt Industriegebiet Osterrönfeld-West), im Kreisel geradeaus in die Albert-Betz-Straße | **Öffnungszeiten** vom Zaun aus zu sehen | **Tipp** Im Schatten genießen! Beste Aussicht auf den Kanal vom Biergarten des Kanal-Cafés (Am Kamp-Kanal 1, Tel. 04331/2017540, Öffnungszeiten: 16. April–Sept. 9–22 Uhr, Okt.–15. April 9–18 Uhr).

76_ Die Aalkate

Fischmeister Hans Brauer in seinem Revier

Wenn die Heringe eintreffen, ist das die große Zeit von Fisch-meister Hans Brauer. Die Heringe kommen im Frühjahr. In großen Schwärmen. Sie ziehen durch die Schleusen in Kiel in den Nord-Ostsee-Kanal. Die Silberlinge kommen, um zu laichen. Sie bleiben nicht lange. Vier, sechs Wochen, dann sind sie wieder weg. Tau-sende Hobbyangler sitzen in dieser Zeit in Häfen, auf Molen, am Ufer. Aus ganz Deutschland reisen Petrijünger an, holen den Fisch eimerweise aus dem Wasser. Beliebte Angelplätze sind unter der Hochbrücke in Kiel-Holtenau, unter der Levensauer Brücke, bei den Fährstellen Sehestedt und Schacht-Audorf und an der Eisen-bahnbrücke in Rendsburg. Hans Brauer fischt in einem 16 Kilome-ter langen Revier von Königsförde bis Schacht-Audorf. Nicht mit der Angel. Mit Netzen.

Hans Brauer ist der einzige verbliebene Fischmeister am Kanal. In der siebten Generation. Ein Urahn siedelte 1804 nach Rade. Er war Lehrer, weil er mit der Familie aber von seinem Gehalt nicht leben konnte, fuhr er in den Ferien zur See. Die Fischerei wurde 1854 ge-gründet. Die Brauers fischten in der Obereider und im Schirnauer See. Als dieser Teil des Kaiser-Wilhelm-Kanals wurde, hat man die Fischereirechte der Familie auf den Kanal übertragen. Noch im-mer heißt dieses Teilstück des Kanals Schirnauer See. Er ist eines der artenreichsten Gewässer in Deutschland. Aale, Zander, Barsche, Schwarzmundgrundeln kann man fangen. In einer Anlage gegen-über seinem Restaurant Aalkate züchtet Hans Brauer Lachsforellen.

Die Heringe fängt er in Stellnetzen. Fischer Thomas Philippson hilft ihm. Eigentlich hatte er nur eine Lehre machen und dann stu-dieren wollen. Aber er ist geblieben, die Fischerei hat ihn gepackt. Wenn die Heringe kommen, feiern die Brauers am Ufer ein Fest. Es ist wie ein Jahrmarkt. Den Hering gibt's dann geräuchert als Bück-ling, als Bismarckhering, Rollmops oder Matjes. Am besten geht der Brathering.

Adresse Schirnauer See 5, 24790 Rade bei Rendsburg, Tel. 04331/91561 | **Anfahrt** von der A 210 (Ausfahrt Bredenbeck) nach Bovenau, weiter Richtung Rendsburg, rechts in den Rader Weg, jetzt in die Straße Schirnauer See (dem Schild »Brauers Aalkate« folgen) | **Öffnungszeiten** 4. Okt.–April Mi–Sa 11.30–14 und 18–21 Uhr, So 11.30–21 Uhr, Mai–3. Okt. Mo–So 11.30–21 Uhr | **Tipp** Zwei als Denkmal geschützte Reetdachkaten stehen in Rade: die alte Schule in der Dorfstraße 25 und das Haus Dorfstraße 45.

77__Das Rapsfeld

Schiffe in goldgelben Wellenbergen

Shipspotter nennt man die Menschen, die Schiffen hinterherjagen. Ausgerüstet mit Kameras und Objektiven. Immer auf der Suche nach dem noch originelleren Motiv, dem ungewöhnlichen Licht. Ein Schiff im Rapsfeld ist für sie ein Muss und vielen die Königsdisziplin. Hohe Schiffsaufbauten in goldgelben Blütenwogen, so als pflüge das Schiff mitten durchs Feld. Am besten, wenn das Gelände selbst lebhaft ist, was den Eindruck güldener Wellenberge unterstützt. Ein solcher Platz ist gar nicht so einfach zu finden.

Zur Zeit der Rapsblüte ab Anfang Mai ist Schleswig-Holstein ein leuchtendes, duftendes Land mit Vorgeschmack auf den Sommer. Auf einer Fläche von 140.000 Fußballfeldern bauen die Landwirte die Nutzpflanze an. Für Speiseöl, als Rohstoff für die chemische Industrie, als Eiweißfuttermittel für ihre Kühe. Klima, Witterung und Böden begünstigen Schleswig-Holstein, das die höchsten Rapserträge Deutschlands hat. Für Bienen und Hummeln ist die Pflanze wichtige Nahrungsquelle. Umweltschützer beklagen die Monokultur und den Einsatz von Giften gegen den Rapserdfloh. Die Shipspotter haben tendenziell andere Interessen.

Ein Feld am Südufer des Kanals bei Rade bietet ihnen eine Bilderbuchkulisse. Am Ende der Straße Schirnauer See geht's rechts in einen Fahrweg. In der nächsten Biegung öffnet sich der Knick (siehe Ort 8) für wenige Meter, rechts kann man parken. Tatsächlich, das Gelände ist wellig. Nur: Standort und Blickwinkel erlauben nicht, die sich nähernden Schiffe zu sehen. Zum Glück ist es still. Man kann das monotone Stampfen der Maschinen hören. Jetzt oder nie! Nach wenigen Sekunden hat der Hauptdarsteller das Bühnenbild verlassen.

Das war noch nicht der bestmögliche Schuss? Was sicher ist: Kommt ein Schiff, folgen meist noch ein, zwei weitere, weil sie gemeinsam die Schleuse passiert haben. Danach heißt es wieder: warten, lauschen. Und auf der Hut sein!

Adresse Schirnauer See, dann rechts, 24790 Rade bei Rendsburg | **Anfahrt** von der A 210 (Ausfahrt Bredenbeck) nach Bovenau, weiter Richtung Rendsburg, rechts in den Rader Weg, rechts in die Straße Schirnauer See (dem Schild »Brauers Aalkate« folgen), rechts in den Fahrweg | **Öffnungszeiten** Blütezeit Mai–Juni | **Tipp** Wer im Rapsfeld Empfang hat, dem hilft eine Echtzeit-App zum Schiffsverkehr. Man sieht frühzeitig, was von links oder rechts kommt. Fotos stimmen auf den Schiffstyp ein.

78_Das Bürgerhaus

Und die Frage: Wer ist hier der Affe?

Man kann dem Bauherrn des Fachwerkhauses wohl unterstellen, ein Schelm gewesen zu sein. Die Balken der Fassade hat er reichlich verziert. Die nach vorn auskragenden Deckenbalken schmücken Ornamente und Figuren. Zwei sehen wie Landsknechte aus. Eine ist einem hockenden Affen mit menschlichen Gesichtszügen ähnlich. Er studiert ein Buch. In einen Längsträger hat der Zimmermann einen Spruch geschnitzt, der nur noch schwer zu entziffern ist: »Sta Ape unde gape. Io lenger du hir steist, io spader du to hus geist.« Als eine Mischung aus Althochdeutsch und Plattdeutsch wird die Sprache interpretiert. Übersetzt heißt es: »Steh, Affe, und gaffe. Je länger du hier stehst, desto später du nach Hause gehst.«

Das Haus aus dem Jahr 1566 hat viel erlebt. Erst war es reines Wohnhaus, im Hof arbeitete später der Böttcher Ferdinand Nicolas Kruse in seiner Töpferwerkstatt. Als er schon alt war und ihm das Handwerk zu schwer wurde, erhielt er die Erlaubnis, das Erdgeschoss zu einem Ladenlokal umzubauen. Von der Miete wollte Kruse leben. Zwei bodentiefe Schaufenster zog er ein, versetzte die Tür in die Mitte. Erster Pächter war ein Haushaltswarengeschäft. 1939 zog die Buchhandlung Reichel ein, die Ernst Reichel 30 Jahre zuvor gegründet hatte. Nach weiteren Jahrzehnten hat man den Eingang ganz nach rechts versetzt, die Fassade bekam ihr heutiges Gesicht. Eine Schreibwarenkette richtete ihre Rendsburger Filiale ein.

Bürgerhäuser wie dieses standen viele an der Hohen Straße. Die meisten sind Nachkriegsbauten gewichen. Wer die Straße weitergeht, steht vor dem Alten Rathaus am Altstädter Markt. Ein Wappen weist ebenfalls 1566 als Baujahr aus. Man vermutet, dass hier schon vorher ein Rathaus gestanden hat, es ist aber nichts mehr darüber bekannt. Der jetzige Backsteinbau mit Treppengiebeln und Glockenspiel ist immer wieder verändert worden. Zuletzt nach einer Feuersbrunst.

Adresse Hohe Straße 7, 24768 Rendsburg | **Anfahrt** von der B 203 in die Straße An der Bleiche, Parkhaus am Schiffbrückenplatz, von dort in die Hohe Straße | **Öffnungszeiten** das Bürgermeisterzimmer im Rathaus mit seiner bemalten Vertäfelung von 1720 kann bei Stadtführungen besichtigt werden: April–Okt. Sa, Juni–Aug. zusätzlich Mi, Nov.–März jeder 2. Sa, jeweils 11 Uhr, Info Tel. 04331/21120 | **Tipp** Noch älter sind die Schnitzereien am Haus Schleifmühlenstraße 2. Die Figuren werden auf 1541 datiert (nur ein paar Schritte vom Rathaus entfernt).

79__Der Bullentempel

Markt, Konzerte, Trödlertreff

Das ist jedes Mal ein Fest im Frühjahr, wenn in der Nordmark-halle die Spielmannszüge der freiwilligen Feuerwehren antreten. 500 musikalische Frauen und Männer kommen aus Alt Duven-stedt und dem Amt Eider-Kanal, aus Ascheffel, Aukrug und Brei-holz, aus Borgstedt, Elsdorf-Westermühlen, Felm und Fockbek, aus Hamdorf, Hanerau-Hademarschen und Hohenwestedt, aus Jeven-stedt, Kaltenhof, Molfsee, Nortorf, Nübbel und Owschlag. Traditi-onell starten sie mit dem Schleswig-Holstein-Lied. Gerne gespielt und gehört werden der »Schwalbenmarsch« und der »Radetzky-marsch«, »Military Escort«, der »Gruß an Kiel« oder »Over the Rain-bow«. Den »Gefangenenchor« aus »Nabucco« und ein Abba-Medley können die uniformierten Künstler auch.

Laut war es in der Halle von Anfang an. Vor über hundert Jahren hat man sie als städtische Viehhalle gebaut. Tiermärkte, die sonst auf dem Schlossplatz oder in der Schleuskuhle stattfanden, wollte man hier bündeln, Rendsburg sollte sich als zentraler Ort der Land-wirtschaft in der Region einen Namen machen. Schon am ersten Markttag wurden 1.539 Ferkel gezählt. Für einen Ferkelstand hat-te ein Händler 15 Pfennige Gebühr zu zahlen. Legendär sind die Großvieh-Auktionen. Seither wird die Halle Bullentempel genannt. Ein Relief über dem Portalbogen gibt Zeugnis von eindrucksvollen Zuchtexemplaren.

Die Viehmärkte gibt es nicht mehr. Das denkmalgeschützte Back-steingebäude, das seit 1949 offiziell Nordmarkhalle heißt, ist jetzt »Halle für alle«, so ein Slogan der Stadt. Bei Konzerten lassen sich bis zu 1.700 Zuhörer auf Steh- und Sitzplätzen unterbringen. John Mayall, Roger Chapman, Die Ärzte oder Udo Lindenberg waren hier. Antik- und Kunstmärkte, Trödeltreffs um Mitternacht, Klei-derbörsen, Versteigerungen, Hochzeiten, Wahlkampfveranstaltungen werden organisiert. Beliebt ist der Wochenmarkt im Trockenen zwi-schen Viehtränken und Futterkörben. Die sind erhalten geblieben.

Adresse Willy-Brandt-Platz 1, 24768 Rendsburg, Tel. 04331/206235 | **Anfahrt** von der B 203 links in die Straße An der Bleiche, bis Ende der Materialhofstraße, links in die Herrenstraße, an der Gabelung links in die Kieler Straße, rechts in die Konrad-Adenauer-Straße, auf der rechten Seite | **Öffnungszeiten** Wochenmarkt Fr 13–18 Uhr, Veranstaltungen unter www.rendsburg.de | **Tipp** Nicht 1. Liga, aber 1. Lage: Die Kicker des FTE Rendsburg spielen im Nobiskrug-Stadion vor der einzigartigen Kulisse der Eisenbahnhochbrücke (vom Willy-Brandt-Platz in die Nobiskrüger Allee).

80__Das Dr.-Bamberger-Haus

Er tötete sich, um nicht ermordet zu werden

Ernst Karl Bamberger ist in den 1920er Jahren ein angesehener Mann in Rendsburg. Er hat gerade eine chirurgische Privatklinik in der Moltkestraße übernommen. Die Menschen schätzen nicht nur seine Kompetenz als Arzt. Den Mitarbeitern gegenüber ist er ein kollegialer Chef. Patienten mögen seine Herzlichkeit. Wer kein Geld hat, aber nur Dr. Bamberger vertraut, muss nichts bezahlen. Mit Käthe und Julius Ahlmann, den Eigentümern der Carlshütte (siehe Ort 28), und dem späteren Regierungspräsidenten Wilhelm Hamkens ist der Mediziner befreundet.

Sie stört es nicht, dass Ernst Bamberger Jude war. Er ist Protestant geworden, um seine Frau Cäcilie heiraten zu können. Für die Nationalsozialisten eine »nicht privilegierte Mischehe«. Weil er jüdische Großeltern und Eltern hat, ist der Arzt für sie »Staatsfeind« und »Judensau«. Sie entziehen ihm die Approbation. Die Landeszeitung hetzt: »Volksgenosse kann nur sein, wer deutschen Blutes ist. Kein Jude kann deshalb Volksgenosse sein. Der Beruf eines Arztes kann daher nicht von Juden ausgeübt werden!« In der Reichspogromnacht auf den 10. November 1938 kann Ernst Bamberger sich im Heizungskeller einer Gärtnerei verstecken. Rendsburger Juden, die man in dieser Nacht verhaftet, werden in das Konzentrationslager Sachsenhausen deportiert. Ernst Bamberger flüchtet in das Heimatdorf seiner Frau. Patienten empfängt er noch immer, aber sie kommen im Dunkeln durch die Hintertür. Als er ab 1941 den gelben Judenstern tragen muss, geht er nicht mehr aus dem Haus. Im selben Jahr nimmt er sich wie viele das Leben, um nicht im KZ ermordet zu werden.

Nach Ernst Bamberger ist stellvertretend die alte Synagoge benannt. Nur weil Fischhändler sich für das Gebäude interessierten, hat es überlebt. Im Betsaal wurde 40 Jahre lang Fisch geräuchert. Die Mikwe, das religiöse Tauchbad, als Grube für Abfälle missbraucht. Die Synagoge ist heute Museum.

Adresse Prinzessinstraße 7–8, 24768 Rendsburg, Tel. 04331/440430 | **Anfahrt** von der B 203 in die Straßen An der Bleiche und Holsteinbrücke, rechts in den Jungfernstieg, links um den Platz bis zur Prinzessinstraße | **Öffnungszeiten** Di–Sa 12–17 Uhr, So 10–17 Uhr | **Tipp** Thorakronen und Gebrauchsgegenstände des jüdischen Alltags zeigt das Jüdische Museum auf der Frauenempore. Außerdem Kunst jüdischer Maler. Felix Nussbaum! Max Liebermann!

81 Der Kapitänsblick

Sahnegrundstücke in zweifacher Wasserlage

Nur ein sehr schmaler Streifen Land ist es. Er erstreckt sich vom westlichen Stadtrand Rendsburgs etwa zwei Kilometer Richtung Südwesten. Manchmal ist er nur 100 Meter breit. Alte und neue Häuser und Villen stehen hier. Die Landenge gehört zu den begehrtesten Wohnlagen Schleswig-Holsteins. Wer hier zu Hause ist, hat ein hohes Einkommen, sehr lange gespart oder geerbt. Kapitänsblick nennen die Menschen dieses Quartier. Phantastische Aussicht nach beiden Seiten. Auf der einen fließt der Kanal, nur durch die Straße Kanalufer von den Anwesen getrennt. Auf der anderen fließt die Eider. Von den Grundstücken ragen Stege in den Fluss, an denen Boote vertäut sind. Diese doppelte Wasserlage mit Blick auf den Schiffsverkehr wie in die Naturlandschaft hat ihren Preis. Das konnten sich auch früher nur die besser verdienenden Kapitäne leisten.

Von Rendsburg aus fließt die Eider an Nübbel vorbei auf insgesamt vier Kilometern parallel zum Kanal, dann biegt sie rechts ab, schlängelt sich ins Landesinnere. Als 1887 Kaiser Wilhelm I. im Kieler Stadtteil Holtenau den Grundstein zum Bau des Kanals legte, der bis 1948 seinen Namen tragen sollte, nutzte man über weite Strecken das Bett der Eider und des Eider-Kanals. Hier nicht. 9.000 Arbeiter aus Deutschland, Italien, Polen und Russland haben acht Jahre lang den Kanal ausgeschaufelt. Mindestens 17 mussten die Tagelöhner sein. Jüngere (ab 15) durften nur in Begleitung der Väter schuften. Die Männer waren in Barackenlagern entlang der Baustrecke untergebracht. 3,30 Mark Tageslohn bekamen sie, davon wurden 55 Pfennige für Essen und einen Becher Kaffee abgezogen.

Bei Nübbel steht die alte Lotsenstation, etwa auf halber Strecke des Kanals wechseln die Lotsen auf den Schiffen. Die neue Station hat man vier Kilometer südlich ans andere Ufer gestellt (siehe Ort 92). Die alte Station drohte zu zerfallen, bis ein privater Investor sie zu Wohnungen umbaute.

Adresse Kanalufer, 24768 Rendsburg | **Anfahrt** von der B 77 in die Gartenstraße bis zum Ufer, rechts, nach drei Kilometern auf der rechten Seite | **Tipp** Schöner Eiderblick: Von der alten Lotsenstation aus führt auf der anderen Straßenseite eine Holzbrücke zum Dorf Nübbel mit Reetdach-Charme.

82 Der Laden Paul Matz

Es gibt sie noch, die guten Dinge

Ist der Chef nur mal eben aus dem Haus? Da ist ja noch sein grau-blauer Kittel. So, wie er dort all die Jahre nach Feierabend am Nagel gehangen hat. Gleich neben dem Greifer am Bambusstecken, mit dem Paul und Wolfgang Matz die obersten Schubladen der meter-langen Schubladenwand hinterm Tresen geöffnet haben. Links die Fächer für kleine und große Rundkopfnägel und der Kanister mit Kaltleim.

Der Eisenwarenladen Paul Matz im Eckhaus Paradeplatz/König-straße war eine Institution. »Haben wir nicht, geh mal zum Matz«, war ein geflügeltes Wort in Rendsburg. 1889 eröffnet der Kaufmann Ferdinand Piening sein Kolonialwarengeschäft. Vom frischen Matjes über Düngemittel bis zum Maschendraht bietet er ein breites Sor-timent. Friedrich Dittmer übernimmt 1932 den Laden, der verkauft vier Jahre später an Paul Matz. Neben Eisenwaren handelt dieser mit Werkzeugen, Waschkesseln, Jagdmunition. Die Familie wohnt über dem Geschäft. Wolfgang Matz wächst im Laden des Vaters auf. Als Wolfgang nach dem Krieg keine Lehrstelle finden kann, bildet der Va-ter ihn aus. Auf einer Messe entdecken beide eine Fleischmann-Lok. Fortan gehören auch Modelleisenbahnen und Spielzeugautos zum Angebot. Wolfgang Matz, der vom Senior übernimmt, sperrt 1993 für immer zu.

Man kann nichts mehr kaufen bei Paul Matz, aber die Ladenein-richtung, seit der Gründung des Ladens unverändert, bleibt erhalten. Michael Westphal, Direktor des Historischen Museums im Kultur-zentrum Hohes Arsenal, hat sie dort wiederaufgebaut als »Beitrag zum Erhalt von Sachzeugen vergangener Tage«. Vor allem die Re-galwand mit 262 Schubladen und den unglaublichen Schätzen von Paul und Wolfgang Matz. Nägel, Schrauben konnte man abgezählt kaufen. In einem der Schubkästen verbarg sich immer das, was man suchte. Das uralte Preisbuch liegt noch auf dem Tresen. Änderten sich die Preise, wurden sie ausradiert und mit Bleistift neu geschrieben.

Adresse Arsenalstraße 2–10, 24768 Rendsburg, Tel. 04331/331336 | **Anfahrt** von der B 203 in die Straßen An der Bleiche und Holsteinbrücke, rechts in den Jungfernstieg zur Arsenalstraße | **Öffnungszeiten** Di–Fr 10–18 Uhr, Sa, So 10–17 Uhr | **Tipp** Der Scharfrichter hat 1725 ein letztes Mal sein Schwert auf dem Paradeplatz am Hohen Arsenal gesenkt. Dort, wo etwa 40 Meter vor dem Eingang der Garnisonsapotheke ein Granitstein im Boden liegt, soll die Hinrichtung stattgefunden haben.

83 Die längste Bank der Welt

Der Wettkampf ist entschieden!

Wie viele Menschen genau auf ihr Platz haben, hat man noch nicht herausgefunden. Das hängt ja auch davon ab, in welchem Umfang in der Testgruppe Big-Mac-Wonneproppen und schmächtige Vegetarier vertreten sind, mit welchem Hüftumfang man also rechnen muss. Und zweitens davon, wie kuschelig sie es denn gerne hätten. Aber vermessen hat man die Bank natürlich: Exakt 575,75 Meter ist sie lang. Weltrekord!

Gehobelte Holzlatten auf Betonfüßen, auf Teilabschnitten mit Rückenlehne – die Bank mit Sonnenscheingarantie steht am Nordufer des Kanals. Als der oberste Richter am Rekord-Institut für Deutschland sie für das Guinnessbuch der Rekorde ausgemessen hat, brauchte er zehn Minuten Fußmarsch für die Strecke. Die Rendsburger haben sich den anspruchsvollen Titel zurückerobern müssen. Eigentlich hielten sie diesen schon seit 1989, damals hat man 501,53 Meter berechnet. 1.594 Schulkinder und mittendrin Schleswig-Holsteins Ministerpräsident nahmen Platz. Aber dann haben die Thüringer bei der Bundesgartenschau in Ronneberg eine um 49 Meter längere Bank gezimmert, und noch etwas später ließ ein Käsehersteller im Appenzeller Land eine gar 1.013 Meter lange Bank aufstellen. Alles Käse, befanden die Schweizer Behörden. Die Bank stehe außerhalb der Bauzone, und es gebe bereits ausreichend Sitzmöbel in den Bergen. Die Konstruktion musste weg. Waren noch die Ronneberger zu schlagen.

Mit Eifer gingen die Rendsburger in die Verlängerung. Tischlereien, Baufirmen und weitere Sponsoren fanden sich zusammen. Betonbauer-Lehrlinge gossen zu den 282 bestehenden Betonsockeln 44 weitere. 300 laufende Meter Holz und 800 Schrauben wurden verbaut. Um noch einmal 74,22 Meter hat man die Bank nach Westen verlängert, sie hat nun gut 25 Meter mehr als das Thüringer Modell. Da sie in der Kanalbiegung gegenüber Westerrönfeld steht, hat man von ihrem linken oder rechten Ende aus eine jeweils ganz andere Perspektive.

Adresse Kanalufer, 24768 Rendsburg | **Anfahrt** von der B 77 über die Gartenstraße zur Straße Kanalufer, am Parkplatz an der Feldstraße starten | **Tipp** Zwischen dem Kreishafen Rendsburg und auch längs der Bank bis zur Alten Lotsenstation Nübbel verläuft der »Sinnweg«. Steinplatten sind im Boden eingelassen mit Sprüchen wie diesem: »Erziehung ist sinnlos! Die Kinder machen uns sowieso alles nach.«

84 Der liegende Eiffelturm

Meisterwerk des Ingenieurs Friedrich Voß

Die Sache war eigentlich nicht machbar. Mit der ersten Erweiterung des Kanals Anfang des 20. Jahrhunderts sollten neue Brückenbauwerke die Wasserstraße überspannen. Auch in Rendsburg. Eine Eisenbahnbrücke sollte es sein. Die Anforderung: 42 Meter über dem Wasserspiegel musste die lichte Höhe betragen. Kein Problem auf der Südseite in Osterrönfeld, da konnte die Streckenführung lange Anlauf nehmen, um diese Höhe zu erreichen. Aber auf der Nordseite liegt der Bahnhof nur 600 Meter vom Ufer entfernt. Kein Zug hätte in so geringer Distanz die Steigung bewältigen können.

Der Ingenieur Friedrich Voß wird damals vor diese Herausforderung gestellt. Und er entwickelt einen genialen Plan. Man könne doch wie in alpinen Regionen auch im Flachland die Gleise in einer großen elliptischen Schleife verlegen. So seien Steigung und Abwärtsfahrt zu bewerkstelligen. Der Magistrat der Stadt war nicht begeistert, befürchtete ein »Monstrum von ungeheuren Stahlgerüsten«. Die Presse schrieb, ein solches Meisterwerk werde »zu den gewaltigsten Brückenbauten zählen, die das Deutsche Reich aufzuwarten hat«. Letztendlich wurde es nach den Voß'schen Plänen gemacht. Die Brücke, 1913 eröffnet, war das größte Stahlbauwerk Europas. Und die Rendsburger waren dann doch schnell begeistert. Das Mittelstück der Brücke ist in zwei Gittertürme eingehängt, besticht durch Eleganz. Liegender Eiffelturm wird das Bauwerk deshalb auch genannt.

Zum Beispiel am Standort Nobiskrüger Allee / Idstedtstraße kann man die Brücke gut erfahren. Hier überspannt sie Häuser, die nach dem Bau errichtet wurden. Dann fällt sie in einer weiten Schleife bei zwölf Prozent Gefälle bis zum Bahnhof ab. Mit den Rampen ist sie 7.500 Meter lang, die reine Stahlkonstruktion auf Gitterpfeilern 2.500 Meter. Dem Genie Friedrich Voß hat man am 4. März 1953 das Bundesverdienstkreuz verliehen. Am Tag zuvor war er in Kiel gestorben.

Adresse Ecke Nobiskrüger Allee / Idstedtstraße, 24768 Rendsburg | **Anfahrt** von der B 203 links in die Straße An der Bleiche, bis Ende der Materialhofstraße, links in die Herrenstraße, an der Gabelung links in die Kieler Straße, rechts in die Idstedtstraße | **Tipp** Dem Vater der Hochbrücke hat man am Nordufer des Kanals ein Denkmal gesetzt: in der Biegung der Straße Wilhelmstal parken, vor dem Hotel ConventGarten die Treppe hinunter.

85__Der Oben-ohne-Opferstock

Barocke Frauenbrüste in der Sankt-Marien-Kirche

Rotlicht-Krimis zeigen solche Szenen im Reeperbahn-Milieu, wenn der Auftritt einer Tabledancerin in luftigen Dessous offensichtlich gefallen hat: Männer stecken Frauen großkotzig in der Länge geknickte Geldscheine ins Dekolleté oder Höschen. Aber in einer Kirche?

In der Sankt-Marien-Kirche in Rendsburg irritieren zwei barocke, geschnitzte Opferstöcke, die mit dem Jahr 1688 datiert sind. Die Kirche ist so prächtig ausgestattet, man bemerkt die Figuren erst beim Verlassen des Sakralbaus. Links und rechts des Ausgangs stehen sie. Derbe Frauengesichter schauen den Besucher an. Die Haare wirken wie gerade mit Lockenwicklern in Form gebracht. Eine Halskette tragen die Damen mit einem Kreuz im Amulett. Sie breiten ihre muskulösen Arme aus und präsentieren die nackten Brüste. Dazwischen: Einwurfnäpfe, in die Gottesfürchtige ihre Almosen schieben konnten. Man soll das jetzt nicht mehr tun. Eine Tafel weist darauf hin und nennt andere Möglichkeiten des Spendens. Man hat die Opferstöcke aber – gottlob – auch nicht weggeräumt. Sie sind bekrönt mit den Evangelisten Johannes und Matthäus.

Sankt Marien ist die älteste Kirche in Rendsburg. Ein Vorgänger, ein Holzbau, wurde bei der großen Rendsburger Feuersbrunst von 1286 ein Opfer der Flammen. Schon ein Jahr später begann man mit dem Bau der bestehenden Backsteinhallenkirche. Der niedrige Kirchturm wurde erst 1454 gebaut. Die ältesten Glocken in der Glockenstube stammen aus dieser Zeit. Die größte hängt hier seit 1737.

Vermögende Rendsburger Bürger, Adelige, Bürgermeister, Reeder haben der Kirchengemeinde immer wieder gestiftet. Üppige Epitaphe belegen das. Den acht Meter hohen Altar mit alabasterweißen Reliefs hat die Offizierswitwe Elisabeth Behling geschenkt. Während der Befreiungskriege Anfang und Mitte des 19. Jahrhunderts waren in der Kirche Kriegsgefangene untergebracht.

Adresse An der Marienkirche 21, 24768 Rendsburg | **Anfahrt** von der B 203 links in die Denkerstraße, rechts auf den Schlossplatz, von hier zu Fuß durch die Hohe Straße zur Kirche | **Öffnungszeiten** April–Sept. Mo–Sa 11–17 Uhr, Okt.–März Mo–Sa 10–13 Uhr, im Sommer Sa 12 Uhr Kirchenführung | **Tipp** Nur wenige Meter entfernt steht in der Mühlenstraße das Alte Rathaus mit Treppengiebel. Das Glockenspiel ertönt von 10 bis 20 Uhr alle zwei Stunden.

86__Die Rolltreppen

Mit Tunnelblick hinab und hinauf

Der Fußgängertunnel unter dem Kanal ist ein sicherer Ort. Im Durchmesser misst die Röhre, die Rendsburg mit Westerrönfeld verbindet, viereinhalb Meter. Man hat sie möglichst freundlich gehalten. Die Auf- und Abgänge sind weiß-blau gestaltet, der Tunnel selbst ist weiß-grau gekachelt. Graffiti sind keine zu finden. Helles Deckenlicht leuchtet den Tunnel aus, und es riecht auch nicht so beißend wie oft in anderen Unterführungen. Überall Kameras, von einem Leitstand am Nordufer wird die Anlage rund um die Uhr überwacht. Und doch: Wenn man zum ersten Mal die 130-Meter-Röhre durchschreitet, wird die Marschzahl unwillkürlich schneller. Ungute Gedanken drängen sich auf. Man ist hier 27 Meter unter dem Wasserspiegel. Was, wenn sich plötzlich ein Riss auftut?

Oben hat es an dieser Stelle früher eine Drehbrücke für Autos, Radfahrer und Fußgänger gegeben. Kam ein Schiff, wurden die beiden Brückenteile ans Ufer geschwenkt. Als immer mehr Schiffe kamen, war das nicht mehr praktikabel. Für den Autoverkehr baute man einige hundert Meter westlich einen Straßentunnel, durch den nun vierspurig die B 77 verläuft. Der Fußgängertunnel wurde näher an der Stadt ins Erdreich getrieben. Tausende Passanten und Radler nutzen ihn täglich. Vorsicht eine halbe Stunde vor Unterrichtsbeginn! Horden von Schülern stürmen dann durch die Röhre.

Hinab und hinauf führen vier Rolltreppen. Als man sie einbaute, waren sie mit 56 Metern die längsten Westeuropas. Ein rotes »gesperrt« in Leuchtschrift und ein grünes »abwärts« zeigen an, welche man benutzen soll. Betritt man sie, sieht man das Ende nicht. Richtig steil geht es runter und rauf. Die Stufen sind breit, und die Treppen ruckeln gemächlich. Zwei Minuten dauert eine Fahrt. Wer Schwindel auf der Rolltreppe kennt, wen Höhen- oder Tiefenangst beschleichen, der kann einen der beiden Aufzüge benutzen. Oder 144 Stufen klettern. Das ist sportlich.

Adresse Wilhelmstal (nördlicher Zugang), 24768 Rendsburg und Am Alten Schützenhof (südlicher Zugang), 24784 Westerrönfeld | **Anfahrt** nördlicher Zugang: von der B 77 in die Berliner Straße, rechts in die Hindenburgstraße, weiter in die Straße Wilhelmstal; südlicher Zugang: von der B 202 in die Itzehoer Chaussee bis zur Straße Am Alten Schützenhof | **Öffnungszeiten** ganzjährig | **Tipp** Auch bei Schietwetter am Kanal eine feine Adresse zum Schiffe-Schauen: das Restaurant Achterdeck im Hotel ConventGarten (Hindenburgstraße 38).

87__Das Schiffffahrtsarchiv

Warum versank die »Berta Kienass«?

Die Helfer, die am 1. Februar 1962 nach der »Berta Kienass« und möglichen Überlebenden Ausschau halten, sind zunächst verwirrt. Sie finden zwei tote Frauen. Gemeldet sind auf dem Küstenmotorschiff, das in Büdelsdorf registriert ist, aber nur Kapitän Herbert Nissen und sechs Besatzungsmitglieder. Sieben Schiffe verschiedener Nationen und ein Flugzeug der niederländischen Luftwaffe suchen nach der »Berta Kienass«. Auf dem Weg von Amsterdam nach Kopenhagen ist sie bei Schneetreiben und schwerem Sturm aus Südwest auf Höhe der Insel Texel verschollen. Einen Notruf hat der Kapitän nicht abgesetzt. Die Leichen eines einjährigen Mädchens und einer 16-Jährigen fischen die Männer auch aus dem Wasser.

Wie sich die Tragödie ereignet hat, ist ungeklärt. Der Rendsburger Stadt- und Schifffahrtshistoriker Alfred Gudd: »Das Schiff kann von einer schweren achterlichen See überrollt und unter Wasser gedrückt worden sein. Möglich ist auch, dass die Ladung verrutscht ist, was zur Schlagseite führte.« Die »Berta Kienass« schleppte 600 Tonnen Milokorn mit sich. Das Getreide, der Hirse verwandt, hat kugelrunde Körner. Setzt sich ein Berg Milokorn erst einmal in Bewegung, fließt er wie eine Lawine. Hatte das Schiff Schlagseite, wird es gekentert und gesunken sein. Nicht ausgeschlossen ist aber auch, dass der Frachter auf eine Seemine aus dem Zweiten Weltkrieg gelaufen ist.

Die sieben Seeleute hat man dann doch noch tot geborgen. Die Frauen waren die des Kapitäns und des Steuermanns. Sie waren mit ihren Kindern als Passagiere an Bord. Teile des Wracks haben Taucher erst vor Kurzem entdeckt. Geschichten wie die der »Berta Kienass« kann Alfred Gudd viele erzählen. Er betreut das Schifffahrtsarchiv. Die außergewöhnliche Sammlung an Schiffsmodellen, Bildern und Dokumenten hat der Reeder Jens-Peter Schlüter gestiftet. Auch Seeleute, die sich hier umsehen, sind immer wieder beeindruckt.

Adresse Königstraße 5, 24768 Rendsburg, Tel. 04331/4379376 | **Anfahrt** von der B 203 in die Straßen An der Bleiche und Holsteinbrücke, rechts in den Jungfernstieg, links um den Platz bis zur Königstraße | **Öffnungszeiten** Mi 15 – 18 Uhr, Sa 11 – 13 Uhr | **Tipp** Geht man vom Museum quer über den Paradeplatz, steht man vor der Statue des Freiheitskämpfers Uwe Jens Lornsen. Er wird als »erster Märtyrer der Sache Schleswig-Holsteins« geehrt. Tatsächlich hat er sich erschossen.

88 Die Schiffsbegrüßungsanlage

Wenn die Flagge gedippt wird und die Hymne grüßt

Der Jingle unterbricht die Dudelmusik, die rauchige Stimme des Zeremonienmeisters kündigt an: »Von rechts kommt die ›Kraftca‹, ein Containerschiff. Heimathafen ist Amsterdam. Das Schiff kommt heute aus Rotterdam. Die ›Kraftca‹ ist 205 Meter lang. Sie hat einen Tiefgang von 8,5 Metern, die Wassertiefe beträgt elf Meter. Zielhafen ist Hanko in Finnland.« Der schneeweiße Container-Riese hat inzwischen die Begrüßungsanlage fast erreicht. Die Zuschauer halten Fotoapparate und Smartphones bereit. Am Ufer wird die deutsche Flagge gedippt, sie senkt sich ein Stück weit am Mast. Ein internationaler Seefahrergruß. Lautsprecher beschallen den Kanal jetzt mit der Hymne der Niederlande. Mit dem tiefen Brummen des Typhons, der Hupe des Schiffes, dankt der Kapitän und verabschiedet sich Richtung Kiel.

Es ist immer aufs Neue ein Spektakel, immer wieder ein Fest. Neben 15.000 Sportbooten steuern bis zu 35.000 Schiffe jährlich durch den Kanal. Die Zahl schwankt, ist abhängig von Winterstürmen und dem aktuellen Ölpreis. Nach diesen Kriterien entscheiden die Reedereien, ob sie ihre Schiffe durch den Kanal oder rund um Dänemark in die Ostsee oder Nordsee schicken. Welche Route ist sicherer? Welche günstiger? Eine Kanal-Passage kostet für die großen Pötte an die 7.000 Euro.

Jedes Schiff, das durch den Kanal steuert, wird mit der immer gleichen Zeremonie empfangen. Die Schiffsbegrüßungsanlage Willkomm-Höft an der Elbe ist weltberühmt. Die in Rendsburg ist Deutschlands zweite und steht der am Schulauer Fährhaus in Wedel in nichts nach. Rund ums Jahr geben ehemalige Kapitäne den Zeremonienmeister am »Ships Welcome Point«. 250 Nationalhymnen können sie abrufen. Auch die des Vatikans. Für den Fall, dass der Papst auf dem Seeweg kommt.

Adresse Am Kreishafen, 24768 Rendsburg | **Anfahrt** von der B 203 zum Bahnhof und in die Grafenstraße, links in die Kaiserstraße, links in die Alte Kieler Landstraße, rechts in die Sonderburger Allee zum Kreishafen | **Öffnungszeiten** täglich 10 Uhr bis zur Dunkelheit | **Tipp** Ein Fernglas mitnehmen und das Warten auf Schiffe mit Kuchen auf dem Sonnendeck der Brückenterrassen versüßen (Tel. 04331/22002, Öffnungszeiten: täglich 9 – 21 Uhr, im Jan. Mo Ruhetag).

89__Die Schwebefähre

Schreckliche Havarie der Kanal-Grazie

Da liegt sie, die Schöne. Im Bauhof des Wasserstraßen- und Schifffahrtsamtes hat man die Schwebefähre zur Ruhe gebettet. Aber auch im Sterben hat sie nichts eingebüßt von ihrer graziösen Erscheinung. Teile der filigranen Decksaufbauten sind abgerissen, aber auf den ersten Blick scheint doch ein Lifting möglich. Nach dem zweiten sagen die Gutachter, die eiserne Lady sei nicht mehr zu retten. Ein Schock für die Region, die von ihrem Wahrzeichen Abschied nehmen muss. Man erinnert sich, mit welcher Anmut die Fähre übers Wasser schwebte. Täglich hat sie 350 Fahrzeuge und 1.700 Fußgänger und Radfahrer über den Kanal fliegen lassen. Längst war sie Denkmal und als Weltkulturerbe vorgesehen. Nur sieben weitere Schwebefähren gibt es auf der Erde.

Eigentlich müsste es Hängefähre heißen, denn die Fähre schwebte ja nicht wirklich vier Meter über dem Wasser, sie hing an zwölf dicken Tragseilen, an elektrisch betriebenen Laufwagen unter der Eisenbahnhochbrücke (siehe Ort 84) befestigt. Über 100 Jahre hatte man den Fahrplan zwischen fünf Uhr und 22 Uhr nie geändert. Jede Viertelstunde setzte die Fähre über, 90 Sekunden dauerte die Passage. Zuletzt tauchte eine Installation des Künstlers Till Nowak das Ensemble bei Dunkelheit in bunte Lichter. Passanten konnten an den Ufern eine Farbe wählen, mit Scheinwerfern angestrahlt transportierte die Fähre sie auf die andere Seite.

Dann, am 8. Januar 2016, die Havarie: Um 6.39 Uhr kollidiert die Fähre auf dem Weg vom Nord- zum Südufer in der Mitte des Kanals mit dem Frachter »Evert Prahm«, der unterwegs nach Brunsbüttel ist. Sie wird hochgerissen, dreht sich, schrammt seitlich am Schiff vorbei, schleudert zurück. Der Fährführer wird schwer verletzt. Einen Polizisten, einziger Passagier, schützt sein Fahrradhelm. Nach dem Gutachten entscheidet man, eine neue Schwebefähre nach dem Vorbild der alten zu bauen. Das kann dauern. Die kaputte Vorgängerin bekommt einen Ehrenplatz an Land.

Adresse Blenkinsopstraße 7, 24768 Rendsburg | **Anfahrt** von der B 203 zum Bahnhof und in die Grafenstraße, links in die Kaiserstraße, links in die Alte Kieler Landstraße, rechts in die Vierzonstraße bis zur Blenkinsopstraße | **Öffnungszeiten** durch den Zaun oder vom Kanal aus zu sehen | **Tipp** Der Unfall im Zeitraffer, eine Webcam hat ihn aufgezeichnet: www.youtube.com/watch?v=MDErrxMszJw. Der alte Wasserturm neben dem Verwaltungsgebäude gehörte zur früheren Saatseewerft. Ungewöhnlich: Der Grundriss ist quadratisch, der Turmkopf hat acht Ecken.

90__Die Ufo-Spülmaschine
Kuriositäten im Elektromuseum

Strom hat die Industrie revolutioniert und das Leben leichter gemacht. Stecker rein, Licht an! Dass seit Anfang des 20. Jahrhunderts Strom in jedem Haushalt zur Verfügung steht, ist das Ergebnis einer spannenden Entwicklung. Manche Scharlatanerie ist auch dabei gewesen. Wie die »Reibungselektrisierungsmaschine«, die mancher Apotheker sich in den Laden stellte. Man positionierte die Auserwählte auf einer überdimensionalen Waage, warf etwas Kleingeld in den Automaten, das bisschen Strom hat die Liebste gar nicht gespürt. Aber jetzt: Schnell und ausgiebig küssen! »Knutschen, bis die Funken fliegen«, dieses Bonmot stammt aus jener Zeit. Ebenso das »Hochfrequenzbestrahlungsgerät für den Haushalt«. Ohne Medizin sollte man manches Leiden damit lindern können. Auch der Potenz sei es förderlich gewesen.

So unterhaltsam kann es sein, wenn Winfred Fischera durch sein Elektromuseum im Haus des Stromanbieters Schleswig-Holstein-Netz führt. Er zeigt den Staubsauger, der auch als Fön gedacht war. »Heißluftdusche«, sagte man damals. Den Backofen von 1928, der verständlich macht, warum wir sagen »etwas in die Röhre schieben«. Eine der ersten Spülmaschinen, die an ein Ufo erinnert. Winfred Fischera lässt eine lebensgefährliche Spielzeugeisenbahn fahren, 240 Volt jagen durch die Gleise. Dann ruft er: »Das Pferd frisst keinen Gurkensalat« in eine Sprechmuschel. Den Satz, mit dem der Physiker Philipp Reis versuchte, Kollegen von der Funktionsfähigkeit des ersten Telefons zu überzeugen.

In Bühnenbildern dokumentiert das Museum die Elektro-Geschichte. Im Musikzimmer steht der Sprechapparat von Thomas Edison, der Beginn der Sprachaufzeichnung und der Schallplatte. Daneben ein Orchestrion zur Kurzweil im »Etablissement Glück-Auf« in Schacht-Audorf. Ein elektrisches Klavier, das aber auch Pauke und Flöte spielt. Erst wenn alles erzählt ist, macht Winfred Fischera das Licht wieder aus.

Adresse Stormstraße 1, 24768 Rendsburg, Telefon 04331/182464 | **Anfahrt** von der B 203 links in die Straße An der Bleiche, bis Ende der Materialhofstraße, links in die Herrenstraße, an der Gabelung links in die Kieler Straße, links in die Hebbelstraße, wieder links | **Öffnungszeiten** Di 10–12 und 14–16 Uhr, sonst nach Vereinbarung | **Tipp** Im Museumsstellwerk kann jeder Züge fahren lassen: von der Herrenstraße in die Straße Am Bahnhof (Öffnungszeiten Mi 9–11 Uhr, jeder 1. So im Monat 14–17 Uhr).

91 Die Zentrum-Moschee

Dreimal ruft der Muezzin. Und keinen stört's!

Kirchenglocken in Oberbayern schlagen lauter. Öfter. Nur dreimal täglich – bei Sonnenhöchststand gegen 12.20 Uhr, um 13.50 Uhr und 16.10 Uhr – ruft der Muezzin »Allahu Akbar« (Gott ist am größten) von den Minaretten der Moschee. Lautsprecher übertragen aus dem Gebetsraum. Bis zu fünf Rufe täglich hat die Stadt erlaubt, drei werden praktiziert. Der Wortgesang ist auf der anderen Straßenseite kaum zu hören. Autos sind lauter. Die Züge auf den nahen Bahngleisen sowieso.

Noch immer sind viele Moscheen in Deutschland in schmucklosen Zweckbauten untergebracht. In anderen Städten hat es bei Neubauten Unruhe in der Bevölkerung gegeben, insbesondere wenn der Architekt Minarette vorgesehen hatte. Abgesehen von wenigen fundamentalistischen Christen, die den Bürgermeister bedrohten, sind die Rendsburger beim Bau der größten Moschee Schleswig-Holsteins gelassen geblieben. Der Rathaus-Chef führte das auf die »Toleranz und Weltoffenheit« seiner Bürger zurück, aber auch auf die lange Bauzeit, während der sie sich an das Projekt gewöhnen konnten. Mehr als zehn Jahre hat es gedauert, die Moschee des Islamischen Zentrums Rendsburg zu errichten. Das Gebetshaus mit Jugendtreff, Unterrichtsräumen und einem Raum für die Totenwaschung steht am Stadtrand zwischen Wohnhäusern, einem Gymnasium und einem Matratzen-Discounter.

Ein Bau wie aus Tausendundeiner Nacht aus gelbem und weißem Backstein. Mit zwei 26 Meter hohen Minaretten, orientalischen Stilelementen und Anklängen an norddeutsche Klinkerarchitektur. Eine Kuppel von acht Metern Durchmesser überwölbt den farbenfroh ausgemalten Gebetsraum. »Diese Moschee hat eine wunderbare Ausstrahlung von Sanftmut und Offenheit«, schwärmte der damalige Ministerpräsident bei der Eröffnung. Er wünschte sich, »dass sie viele hier lebende Männer und Frauen muslimischen Glaubens zu der Überzeugung bringt: Hier ist meine Heimat, diesem Land bin ich treu«.

Adresse Eckernförder Straße 60, 24768 Rendsburg, Tel. 04331/39991 | **Anfahrt** von der B 203 am Ortsübergang Büdelsdorf/Rendsburg in die Hollerstraße und die Eckernförder Straße | **Öffnungszeiten** zu den Gebetszeiten zwischen Sonnenaufgang und -untergang | **Tipp** Täglich frisch! Arabisches Brot gibt's beim Obst- und Olivenhändler im Erdgeschoss der Moschee (Öffnungszeiten: Mo–Fr 9–20 Uhr, Sa 8–20 Uhr).

92 Die Lotsenversetzstation

Spezialisten für die sichere Passage

Das ist ein eindrucksvolles Spektakel. Routiniert abgespielt. Und doch nicht ohne Risiko. Von der Station am Ostufer des Kanals aus startet eines der wendigen orangefarbenen Boote mit dem kraftvollen Bariton seiner Motoren, steuert mit hohem Tempo auf eines der Schiffe zu, die sich von Brunsbüttel oder Kiel aus nähern. »PILOT«, steht in großen Buchstaben auf dem Boot, der Pilot ist der Lotse. Das Lotsenboot, das im Vergleich zu dem Container-Riesen wie eine Nussschale wirkt, dreht bei, nähert sich dem vorbeiziehenden großen Pott. Bei voller Fahrt geht das Boot längsseits. Steuerbords, in Fahrtrichtung rechts, hängt bereits die Jakobsleiter an der Schiffswand. Der Pilot greift mit beiden Händen zu, macht einen beherzten Schritt auf das Fallreep, klettert an der Bordwand nach oben. Decksmänner nehmen ihn in Empfang.

Die Lotsenversetzstation Rüsterbergen liegt etwa in der Mitte des Kanals. 55 Kilometer sind es bis Brunsbüttel, 44 nach Kiel. Hier werden die Lotsen versetzt, sie wechseln. Wer seit der Einfahrt in den Kanal auf der Brücke dabei war, verlässt das Schiff, übergibt für die restliche Passage an einen Kollegen. Für Schiffe ab 65 Meter Länge oder 3,10 Meter Tiefgang besteht Lotsenpflicht. Der Lotse, der Revierkenntnis hat, berät den Kapitän. Die hydrodynamischen Wechselwirkungen zwischen Schiff und Uferböschung oder zwischen sich begegnenden Schiffen sind gefährlich. Der Lotse empfiehlt zum Beispiel, vor dem Rendsburger Kreishafen das Tempo zu drosseln. Der Sog der Dickschiffe könnte die kleinen Schiffe im Hafen losreißen. Aus gleichem Grund wird vor dem Passieren der Fährstellen gebremst.

Schiffe ab 15 Meter Breite nehmen zusätzlich einen Kanalsteuerer auf, der selbst das Ruder in die Hand nimmt. Bei den ersten Kanalpassagen kam es bei jedem 20. Schiff zu einer Havarie. Die Unfallserie endete, als das Kaiserliche Kanalamt auch die Kanalsteuerer vorschrieb.

Adresse Rüsterbergen, 24813 Rüsterbergen / Schülp, Tel. 04331/8456 | **Anfahrt** von der B 77 oder der B 202 nach Schülp und auf der Kreisstraße Richtung Flugplatz Schachtholm, auf der rechten Seite | **Öffnungszeiten** Die Station ist rund um die Uhr besetzt. | **Tipp** Von links kommt nichts, aber von rechts nähert sich ein ganzer Konvoi? Schnell mit der Fähre Breiholz das Ufer wechseln, um das Spektakel zu sehen!

93__Das Hoper Klev
Entlang der steilen Abbruchkante

Man muss das kleine Männchen mit dem dreieckigen Hut und dem Licht austricksen. So die Sage. Es bewacht den Goldsoot, um den sich viele Legenden ranken. Berichtet wird von einem Goldschatz, der vor langer Zeit in einem Braukessel hier versenkt worden ist. Will man ihn heben, muss nachts im Wasser gegraben werden. Kein einziges Wort darf dabei fallen, sonst versinkt der Schatz immer tiefer. Tatsächlich treten an der Nahtstelle zwischen der Marsch und der höher gelegenen Geest Quellen mit klarem Wasser aus. Den Ursprung des Namens Goldsoot führt man darauf zurück, dass in der Marsch gewonnenes Trinkwasser immer salzig war, die Quellen am Geestrand aber für die Bewohner so wertvoll wie Gold. Soot heißt im Niederdeutschen Brunnen.

Es lässt sich am Hoper Klev (Kliff) wirklich noch eine feuchte Stelle finden, von Schilf umstanden, wo man das Männchen mit dem Hut nächtens treffen könnte. Vom Parkplatz des Verkehrslandeplatzes geht man nach Westen, dann links an Konikpferden vorbei. Mitten aus der platten Marsch erhebt sich die 30 Meter hohe Geestkante, das Klev. Früher haben die Wellen der Nordsee bis an diesen Höhenzug geschlagen. Der Krattwald wächst hier, Eichen, die man später als Windschutz am Klevrand angepflanzt hat. Dazwischen hat man einen weiten Blick über die Marsch. Der Nord-Ostsee-Kanal ist nicht direkt zu sehen. Aber wenn große Containerschiffe ihn passieren, ist es, als führen sie direkt über Land.

Der Weg längs der Abbruchkante führt zum Bismarckstein. Man fand ihn bei der Verbreiterung des Kanals Anfang des vergangenen Jahrhunderts. Der Brocken soll 25 Tonnen wiegen. Man wollte ihn sprengen, aber das gelang nicht. Zur Ehrung des Eisernen Kanzlers setzte man den Koloss deshalb hoch aufs Klev. Die Bohrungen für die Sprengladungen kann man heute noch sehen. Der Weg führt weiter um den Sportflughafen. Nach sechs Kilometern ist man am Startplatz zurück.

Adresse Flugplatz, 25693 Sankt Michaelisdonn | **Anfahrt** von der B 5 nach Dingen, rechts in die Straße Kämperberg nach Dingerdonn, links in die Friedrichshöfer Straße zum Flugplatz (ist ausgeschildert) | **Tipp** Auf halber Strecke kann man einkehren beim Golfclub Sankt Michaelisdonn. Die Gastronomie hat von Mo bis So ab 10.30 Uhr geöffnet (Alte Landstraße 1, Tel. 04853/880909).

94__Die Lürssen-Werft

Für alle, die sich sonst nichts gönnen

Wer bei den Lürssens einkauft, zählt zu den Reichsten der Welt. Sultan Qabus ibn Said von Oman ist Kunde oder Heidi Horten, österreichische Kaufhauserbin. Paul Gardner Allen, der mit Bill Gates Microsoft gegründet hat, oder Leslie Wexner, dessen Firma das Modelabel Victoria's Secret vertreibt. Genauso wie David Geffen, Musik- und Filmproduzent, der John Lennon unter Vertrag hatte und mit Steven Spielberg das Studio Dreamworks aufgebaut hat. Wie Charles Simonyi, Softwareentwickler und zweimal schon Weltraumtourist auf der ISS. Für Scheich Chalifa bin Zayed Al Nahyan, Präsident der Vereinigten Arabischen Emirate, haben die Ingenieure und Techniker der Lürssen-Werften die »Azzam« gebaut, mit 180 Metern die längste private Megayacht der Welt. Ein Raketenabwehrsystem soll auch an Bord sein.

Die Marke Lürssen verspricht Exzellenz. Wie groß der Pool an Deck ist oder ob der Schlafsalon mit Spiegeln ausgekleidet wurde, ist meist nicht zu erfahren. Diskretion gehört zum Geschäft. Die Unternehmensgruppe ist Weltmarktführer im Bau von Megayachten. Der Konzern mit Hauptsitz in Bremen hat Standorte in Lemwerder, Hamburg, Wilhelmshaven, Wolgast und Schacht-Audorf. Dort hat die Gruppe 1987 die Kröger-Werft übernommen. Lürssen-Kröger am Nord-Ostsee-Kanal ist spezialisiert auf die schicken Motoryachten. Neben Neubauten ist das sogenannte Refit Schwerpunkt. Yachten, die schon länger fahren, werden auf den neusten Stand der Technik und des Interieur-Designs gebracht.

Friedrich Lürssen hat die Werft gegründet. 1886 baute er nach Firmenangaben das erste Motorboot der Welt. Die Probefahrt haben Zuschauer fast verhindert, weil sie Angst vor dem Daimler-»Explosionsmotor« hatten. Später hat man Rettungskreuzer oder Elektroboote für die bayerische Königssee-Flotte gebaut, im Krieg Torpedojagdboote. Militärschiffbau ist immer noch ein Standbein, der Bau der Megayachten aber bedeutender.

Adresse Hüttenstraße 25, 24790 Schacht-Audorf, Tel. 04331/9510 | **Anfahrt** von der B 202 auf die Kreisstraße 76, im Kreisverkehr geradeaus, rechts in die Kieler Straße, links in die Hüttenstraße | **Öffnungszeiten** Das Firmengelände ist nicht öffentlich zugänglich. | **Tipp** Den besten Blick hat man vom Kanalufer aus: auf der Hüttenstraße bis zum Ende, links in den Rader Weg, nach einer Biegung links in den Grünen Weg und den Fahrweg Trajektfähre bis zur Schranke, noch 400 Meter zu Fuß, am Ufer links.

95__Der Wohnmobil-Park

Kilometerweit den Kähnen nachschauen

Wenn man im Campingstuhl sitzt am Kanal, ist dieses Spielchen beliebt: In der Biegung links schiebt sich der Bug eines Container-schiffes ins Bild, auch Feederschiff genannt. Von rechts kommt ein Massengutfrachter. Sie scheinen, so die optische Wahrnehmung, etwa gleich weit entfernt zu sein. Welcher ist schneller? Das Fee-derschiff oder der Kohlekahn? Wer wird als Erster diesen Standort erreichen? Es wird auch gerne mal gewettet, kleiner Einsatz. Man hat ja sonst nicht viel vor.

Liebhaber von Wohnmobil-Ferien steuern gerne den Nord-Ost-see-Kanal an. Schiffe gucken! Manche kommen nur für einen Zwi-schenstopp auf dem Weg nach Skandinavien. Freaks verbringen den ganzen Urlaub am Kanal. Man kann mit den Fähren und über die Brücken ja schnell mal die Seiten wechseln. Zwischen Brunsbüttel und Kiel sind die Eindrücke immer wieder neu. Kommt kein Schiff, schaut man auf der App »Marine Traffic« nach, wann mit dem nächs-ten zu rechnen ist. Man weiß dann auch gleich, wohin es will.

Ein Stellplatz im Wohnmobil-Park am Nordostufer bei Schacht-Audorf ist besonders begehrt. Wirklich ein Logenplatz. Nirgendwo sonst lassen sich die Schiffe in beiden Richtungen über so viele Ki-lometer verfolgen. Zudem liegt der Platz auf einer Anhöhe. Diese Perspektive – fast in Augenhöhe mit den Lotsen und Kapitänen auf der Schiffsbrücke – hat man am Kanal nicht oft. Die Platzbetreiber mussten deshalb strenge Auflagen erfüllen. Ein dichter Lattenzaun wurde an der Böschung errichtet, Blendschutz für den Schiffsverkehr. Drüberschauen kann man aber noch. Rangieren dürfen die Cam-pingwagen nur mit Standlicht. Der Park hat Plätze für 41 Wohn-mobile und einen WLAN-Hotspot. Besucher loben die Sauberkeit.

Auf beiden Seiten des Kanals lassen sich etliche offizielle Wohn-mobil-Plätze finden. Inoffizielle, oft an den Fährstellen, auch. Dort werden die Wohnmobilisten geduldet, sie sollten aber nicht allzu lange bleiben.

Adresse an der K 76, 24790 Schacht-Audorf, Tel. 04331/84710 und 0151/17767276 |
Anfahrt von der B 202 Richtung Schacht-Audorf, im Kreisverkehr geradeaus, vor
Schacht-Audorf auf der linken Seite | **Öffnungszeiten** ganzjährig, maximal drei Nächte
(oder nach Absprache) | **Tipp** Unterhalb des Platzes verläuft der Kanaluferweg. Man ist zu
Fuß schnell an der Fähre »Nobiskrug«. Mal rüber und wieder zurück! Kostet ja nichts.

96_Der Kanal-Flugplatz

Parallel zu den Ozeanriesen starten

EDXR hat den Anflug freigegeben. Von Südwest tänzelt der Sport-flieger bei Seitenwind auf Landebahn 03/21 zu. Rechts unten die Hallen der Motorflugschulen. Links am Vorfeld der niedrige Tower, die kleine Tankstelle, das Flugplatz-Restaurant Himmelstürmer und die Büros des Verkehrslandeplatzes, Kennung EDXR. Die Cessna hat jetzt die Runway-Markierung überflogen. Setzt auf. Bremst ab. Rollt aus.

Start und Landung in Schachtholm gehören zu den schönsten Flugerlebnissen, die ein Pilot und seine Passagiere haben können. Piste 03/21 verläuft nur durch die Kreisstraße und eine Baumreihe getrennt parallel zum Nord-Ostsee-Kanal. Man hat nicht nur den Flugplatz, Wiesen und Äcker unter sich. Die Aussicht auf die Wasserstraße macht das Fliegen hier so unvergleichlich. Die Riesen der Meere hat man an der Seite, man fliegt direkt neben ihnen oder hinterher. Flugverkehr und Schiffsverkehr!

Manches der Schiffe würde von der Länge ein Viertel der Piste 03/21 beanspruchen. Sie misst 960 Meter, ist 30 Meter breit, asphaltiert. Die Schneise der Grasbahn 12/30 kreuzt im rechten Winkel. Flugzeuge auf dieser Route überqueren den Kanal. Eine Mindestflughöhe von 100 Metern ist vorgeschrieben, die Schiffe sind bis zu 40 Meter hoch. Privatpiloten in Motor- und Segelflugzeugen nutzen den Verkehrslandeplatz, Hubschrauber, Ballonfahrer und Fallschirmspringer. Zuletzt wurden 6.000 Flugbewegungen jährlich gezählt. Demnächst werden es mehr sein. Der Luftsportverband des Landes mit 2.800 Mitgliedern wird sein neues Ausbildungszentrum in Schachtholm aufbauen. Man hat sich gegen den Flughafen in Kiel als Standort entschieden. Dessen Schicksal ist seit Jahren Zankapfel von Politik und Wirtschaft. In Schachtholm ist die Zukunft des Fliegens sicherer. Spektakulär ist es, wenn die Piloten der schweren Transportmaschinen der Bundeswehr auf der kurzen Piste steile Starts und Landungen üben.

Adresse Schachtholm 1, 24797 Schachtholm / Hörsten | **Anfahrt** von der B 77 auf Höhe Hamweddel in die Dorfstraße und die Straße Der alte Damm, kurz vor der Fährstelle Breiholz rechts, auf der rechten Seite | **Öffnungszeiten** Flugplatz 9.30 – 20.30 (Sommerzeit), 9.30 – 19 (Winterzeit); Restaurant Di – Fr 11 – 22 Uhr, Sa, So 10 – 22 Uhr | **Tipp** Die Fähre Breiholz läuft im Einmannbetrieb. Sonst ist neben dem Kapitän immer ein Decksmann mit an Bord. Breiholz ist ein Modellversuch.

97___Das Kanal 33
Kanal-Feeling im Dalben-Design

Stolz führt die »Seeray« den Bremer Schlüssel aus dem Stadtwappen der Hansestadt am Bug. Der Tanker ist mit 28 Meter Breite eines der größeren Schiffe im Kanal und eines der wenigen mit deutscher Flagge, deutschem Heimathafen. Der Wulstbug, der eine bremsende Bugwelle fast vermeidet, das Schiff damit schneller macht und den Treibstoffverbrauch verringert, ragt weit aus dem Wasser. Das zeigt an, dass die »Seeray« mit nur wenig Ladung unterwegs ist. Behäbig stampft der Tanker an der Fährstelle Hohenhörn vorbei. Schiffe dieser Größenordnung dürfen in der Wasserstraße nicht schneller als zwölf Kilometer in der Stunde sein.

Vom Biergarten des Lokals Kanal 33 aus fühlt man sich dem Dickschiff besonders nah. Der Nord-Ostsee-Kanal ist hier schmaler als an anderen Stellen. Das Lokal mit Café und kleiner Pension bietet beste Aussichten auf den Schiffs- und Fährverkehr. Früher war das Gebäude Gaststätte mit Stall und Fuhrwerkswaage, welche die Bauern auch als Viehwaage nutzten. Immer wieder wechselten die Besitzer. Seit wenigen Jahren ist hier das Kanal 33, der Name orientiert sich an der Adresse. Etwas Besonderes sind die fünf Pensionszimmer. Betten, Schränke und Fensterbänke sind aus ausgedienten Dalben des Kanals getischlert, an denen die Schiffe Pause machten (siehe Ort 14). Mehr Kanal-Feeling geht nicht beim Schlummern.

In guten Zeiten auf dem Kanal passieren 35.000 und mehr Containerschiffe, Frachter, Tanker, Schleppverbände und Kreuzfahrtschiffe das Kanal 33. Plus 15.000 Segelschiffe und Motoryachten. Die Zahl der Passagen ist abhängig vom Wetter und vom Ölpreis. Ist dieser niedrig, ziehen einige Reeder den Umweg über Ost- oder Nordsee um Skagen an der Nordspitze des dänischen Jütland den Kanalgebühren vor. Zuletzt waren die Passagen rückläufig. Die Seeschifffahrt kriselt, und der Ölpreis stand tief. Für die Zukunft werden wieder deutlich höhere Zahlen erwartet.

Adresse Hohenhörner Straße 33, 25725 Schafstedt, Tel. 04805/9014933 | **Anfahrt** von der A 23 (Ausfahrt Schafstedt) Richtung Hohenhörn bis zum Fähranleger | **Öffnungs-zeiten** Nov.–März Fr–So 9–19 Uhr; April, Mai, Sept. und Okt. Mo 13.30–20 Uhr, Di–So 9–20 Uhr; Juni–Aug. Mo–So 9–20 Uhr | **Tipp** 350 Jahre hat die Eiche in der Dorfmitte gut überlebt. Nun setzt ihr der Klimawandel zu. Der Orkan »Christian« hat sie 2013 schwer beschädigt.

98_ Der Hof Hinrichs

Vergessene Gemüsearten, schonender Anbau

Bunte Möhren, außen braun und innen leuchtend orange. Schälen muss man sie nicht. Blaue Kartoffeln. Rosa Kartoffeln. Schwarzer Sellerie. Für jede Mahlzeit schon rein optisch eine Bereicherung. Es sind Gemüsesorten, die in Vergessenheit geraten sind. Anke und Peter Hinrichs kultivieren sie neu. Dazwischen die Ackerpille, ein flacher Kohl. Kohlrabi, Spitzkohl, Brokkoli. Leuchtende Kürbisse. Wer den Hofladen Hinrichs betritt, freut sich auf die nächste vegetarische Mahlzeit. Passende Rezepte bekommt der Kunde auch.

Der kleine Marschenhof ist seit 1770 in Familienbesitz. Die Felder haben die Vorfahren durch Eindeichung der Nordsee abgerungen. Fruchtbares Ackerland hat sich entwickelt. Das frische Seeklima begünstigt den Anbau. »Ein kühles Frühjahr ist gut und ein beständiger Westwind«, sagt Anke Hinrichs. »Das mag das Gemüse.« Viel Westwind haben sie hier ja. Die Kartoffelfliege und die Kohlschabe mögen ihn nicht.

Hinzu kommt, was die Hinrichs »die Feldhygiene« nennen. »Wir müssen unser Land pflegen«, da wird Anke Hinrichs leidenschaftlich. Dafür legen sie sich mächtig ins Zeug. Peter Hinrichs befährt seine Äcker nicht mit normalen Traktoren. Er will den lehmhaltigen Boden schonen, er darf sich nicht verdichten. Futuristisch schauen seine Landmaschinen aus. Schlappen von bis zu einem Meter Breite zieht er auf die Felgen. Die Reifen bezieht er aus den USA. Tagelang arbeitet er an ihnen, um das Profil zu entschärfen. Mit wenig Luft werden sie befüllt. So verteilt sich das Gewicht der Traktoren besser auf den Boden. Muss er ihn pflügen, zieht ein Traktor den nächsten mit dem Pfluggeschirr, damit sich dieser nicht in die Erde einwühlt. Im Wechsel mit dem Gemüse werden Hafer und Weizen angebaut – und gehäckseltes Stroh in den Boden eingearbeitet. Das mag der Regenwurm, der den Boden belüftet. Anke Hinrichs: »Der größte Freund des Regenwurms ist mein Mann.«

Adresse an der B 5, Schmedeswurth 10, 25724 Schmedeswurth, Tel. 04851/3273 | **Anfahrt** auf der B 5 von Brunsbüttel nach Marne, auf der rechten Seite | **Öffnungszeiten** Mo–Sa 8–18 Uhr, So 10–18 Uhr | **Tipp** Nach so viel gesundem Gemüse Appetit auf Deftiges? Ein Lotsenfrühstück (Krabben und Aal) mit Blick auf Fischerboote im Neufelder Hafen und die Elbe im Hintergrund gibt's im Restaurant Op'n Diek (zurück Richtung Brunsbüttel, die nächste Straße rechts, Tel. 04851/1840).

99__Die Absprungstelle
Warum sechs Fallschirmspringer starben

450 schottische Soldaten starten am frühen Abend des 11. September 1974, einem Mittwoch, in Lyneham in Südengland. Hercules-Truppentransporter fliegen sie nach Schleswig-Holstein. Es sind Fallschirmspringer, Reservisten, die im Rahmen des NATO-Manövers »Bold Guard« trainieren. Auf freiem Feld südlich des Nord-Ostsee-Kanals bei Sehestedt, dort, wo heute der Windpark der Gemeinde steht, sollen sie landen. Die Sonne ist seit zwei Stunden untergegangen, Luft- und Wassertemperatur liegen bei 14 Grad. Die Piloten sehen Lichter vor sich. Lampen markieren auf beiden Seiten den Kanal, es herrscht dichter Schiffsverkehr zu diesem Zeitpunkt. Jim Carey, einer der Soldaten, erinnert sich: »Wir dachten, unter uns sei eine Autobahn. Aber es war der beleuchtete Kanal.«

Hermann Kuhlmann ist damals als Obergefreiter bei den Pionieren der Bundeswehr am Nordufer zur Sicherung des Übungsgeländes eingeteilt. Er hört die viermotorigen Propeller-Flugzeuge, die gegen den Wind aus Nordost anfliegen. Dann erkennt er weiße, runde Fallschirme, an denen Menschen baumeln. Einige landen im Kanal. 35 Kilo Gepäck ziehen sie sofort unter Wasser. Andere verfangen sich in Bäumen, einer in einer Hochspannungsleitung. Ein Fallschirmspringer landet auf einem Schiff, schießt mit der Signalpistole in die Luft, um die folgenden Maschinen zu warnen. Hermann Kuhlmann eilt mit den Kameraden herbei, will die Menschen retten. »Hubschrauber mit Suchscheinwerfern tauchten auf, dazwischen Schreie, dann läuteten die Glocken. Es war wie im Krieg.« Am Ende hat man sechs Männer nur noch tot aus dem Wasser ziehen können.

Captain Gerard Muir. Officer Cadet James Cooper. Sergeant Richard Tomkins. Sergeant Elliot Leask. Lance Corporal Brian Bett. Private Edward Beach. Sechs Namen stehen auf dem Gedenkstein am Südufer. Im Dorfmuseum ist das Unglück dokumentiert. Der kommandierende General soll sich aufgehängt haben.

Adresse Kirchenweg 14, 24814 Sehestedt, Tel. 04357/457 (Museum) | **Anfahrt** von der B76 nach Gettorf und Holtsee, links in die Sehestedter Straße, links in die Hauptstraße und den Kirchenweg | **Öffnungszeiten** März – Okt. Sa, So 14 – 16 Uhr | **Tipp** Gut Sehestedt ist ein altes Rittergut. Der Burggraben ist zugeschüttet (Hauptstraße).

100_ Die Paulinski-Bank

Als der Kanal die Menschen auseinanderriss

Sie haben Erich Paulinski an einem der schönsten Plätze am Kanal zur Ruhe gebettet. Direkt an der Buchenhecke, die den Friedhof um die Kirche Sankt Peter und Paul umgibt. Er liegt auf einem Hang, der zur Wasserstraße abfällt. Vor dem Grab steht eine Bank. Von hier hat man einen weiten Blick auf den Kanal, der im Westen eine Linksbiegung macht. Und auf das geschäftige Pendeln der Fähre »Pillau«, die 24 Stunden am Tag Autos, Radfahrer, Fußgänger, Fuhrwerke übersetzt.

Die Bank ist ein guter Platz, um sich darüber klar zu werden, dass der Kanal den Menschen nicht nur viel Gutes gebracht hat – sondern ihnen auch viel abverlangt. Sehestedt, 1282 erstmals erwähnt, hat er brutal in zwei Teile geschnitten. Die Menschen konnten plötzlich ihre Verwandten und Freunde nicht mehr einfach zu Fuß oder mit dem Fahrrad erreichen, Telefone hatte man aber auch noch nicht. Manche Äcker der Bauern lagen südlich des Kanals, ihre Höfe aber nördlich. Man sagt, nach ursprünglicher Planung hätte die Wasserstraße vom Schirnauer See auf schnurgerader Strecke an Osterrade vorbei bis Königsförde verlaufen sollen. Die Gutsherrin von Osterrade habe aber Einfluss genommen, damit ihre Ländereien nicht zerschnitten wurden. Jedenfalls macht der Kanal jetzt einen Bogen und teilt Sehestedt. Die Alteingesessenen haben lange darunter gelitten, für die jüngeren Generationen ist es Alltag. Die kostenlose Fähre verbindet sogar. Mit ihr muss auch die Feuerwehr übersetzen, wenn es im Süden brennt. Kleinkinder und Grundschüler müssen hier früher aufstehen, um den Kindergarten im Norden oder den Schulbus nach Borgstedt zu erreichen.

Einen neuen Dorfplatz für die 800-Einwohner-Gemeinde hat man zum Jahreswechsel 2017 eröffnet. Kanaltreff wird er genannt. Mit Drei-Sterne-Imbiss, Dorfladen, Bürgerraum. Einen feinen Blick auf die Schiffe hat man hier auch. Der von der Paulinski-Bank aus ist besser.

Adresse Kirchenweg 14, 24814 Sehestedt | **Anfahrt** von der B 76 nach Gettorf und Holtsee, links in die Sehestedter Straße, links in die Hauptstraße und den Kirchenweg | **Öffnungszeiten** ganzjährig, Imbiss: Mo–So 11–18 Uhr | **Tipp** Der markante Wetterhahn auf dem Kirchturm ist mit Blattgold überzogen. Schon zweimal ist er im Sturm davongeflogen.

101 Die Binnendünen

Eiswind hat sie geformt

Ein Loblied der Heidschnucke! Regelmäßig treibt ein Wanderschäfer seine tausend Tiere durch das zwei Kilometer lange und nur 300 Meter breite Naturschutzgebiet westlich des Flüsschens Sorge. Die gräulichen Nordischen Kurzschwanzschafe verbeißen keimende Birken, verjüngen das Heidekraut und drängen die Gräser zurück. 4.000 Hufe trampeln in der historischen Kulturlandschaft herum, reißen Löcher in den Boden. Und das ist gut so.

Weite Gebiete Schleswig-Holsteins waren früher mit Heide und Dünen bedeckt. Entstanden sind sie am Ende der letzten Eiszeit. Gletscher hatten die Sedimente angeschleppt. Als die Gletscher schmolzen, schichtete ein stetig blasender, kalter Wind Flugsandfelder auf. Auf den Wanderdünen siedelten Moose, Flechten und Silbergras als Pioniere und hielten den Sand fest. Dann kam Besenheide.

Über Jahrhunderte hat die Heidewirtschaft die Binnendünen jung gehalten. Bauern plaggten die Böden: Mit der Plagg-Hacke schlugen sie die oberste Rohhumusdecke und das Heidekraut weg, nutzten es als Einstreu, düngten später damit ihre Äcker. So konnte die Heide stets neu ausschlagen. Bleibt diese Pflege aus, veraltet die Heide, vergrast, verwaldet. Zudem hat ehrgeizige Bewirtschaftung die Binnendünen bis auf wenige Reste verschwinden lassen.

Deshalb schicken Naturschützer die Heidschnucken ins Gelände. Die sandigen Löcher, die sie reißen, sind wichtige Keimplätze für die Heide, und viele Insekten brauchen offene, lockere Bodenstellen zur Eiablage. Baumpieper, Misteldrossel und Feldlerche profitieren von dem Insektenangebot. Von den Schmetterlingen, die hier flattern, steht ein Viertel auf der Roten Liste der gefährdeten Arten. Die Raupe des Argus-Bläulings, die sich vom Heide-Nektar ernährt, sondert ein süßes Sekret ab, das Ameisen mögen. Die Ameisen danken es ihr. Verpuppt sich die Raupe, schleppen sie diese in ihre Nester, um sie vor Fressfeinden zu schützen.

Adresse Sorgwohlder Weg, 24811 Sorgwohld / Owschlag | **Anfahrt** von der B 77 (Richtung Schleswig) vor der Kanueinsatzstelle »Sorgbrück« scharf rechts in den Fahrweg Hasen-knüll, links in den Sorgwohlder Weg, parken am Schild »Durchfahrt verboten« | **Tipp** 100 Prozent Schaf: In der Hofkäserei Solterbeck gibt's Hirtenkäse, Schafjoghurt, Frisch-käse vom Schaf (Sorgwohld 10, Tel. 04336/3439).

102 Das Haus des Reeders

Landsitz und Himbeerhof

Es ist ein bisschen wie bei Königs. Ist Seine Majestät zu Hause, wird die Flagge gehisst. Gut Steinwehr ist sicher kein Palast, aber ein schnuckeliges Herrenhaus, norddeutsch zurückhaltend, bestens gepflegt. Und auf Traditionen wird auch hier geachtet. Manchmal weht die Hamburger Flagge am Mast. Zeichen dafür, dass Ernst Peter Komrowski auf seinem Landsitz eine Auszeit nimmt. Er ist einer der größten Reeder Deutschlands, betreibt in der Hansestadt das Komrowski Befrachtungskontor, das der Großvater 1923 gegründet hat. Die Komrowskis kaufen und verchartern Handelsschiffe, befrachten sie, bieten verschiedenste Dienstleitungen rund um die Seeschifffahrt. Komrowski-Schiffe sind auf allen Ozeanen der Welt unterwegs.

Vom Herrenhaus führt eine breite Treppe, bewacht von steinernen Löwen, hinunter zur Wiese am Kanalufer. Kann es für einen Reeder einen besseren Ausblick geben? Zwei hölzerne Liegestühle im Schatten eines wuchtigen Baumes zeugen davon, dass man, selbst wenn man die Bestlage ohnehin immer hat, noch gerne nahe bei den Schiffen ist. Auf der anderen Seite des Hauses über dem Portal das Nationalwappen Mexikos, Adler mit Schlange. Das Haus hat eine wechselhafte Geschichte. In seiner jetzigen Form hat Paul Burchard es bauen lassen, der deutsche Kaufmann war auch Konsul in Monterrey in Mexiko. Die Komrowskis haben das Anwesen 1958 erworben. Unterm Vordach steht ein grünes Oldtimer-Cabriolet, Kennzeichen HH-EK 2005. Ein hübscher Wagen für eine Landpartie.

Das Gut hat seinen eigenen Anleger am Kanal. In der Saison legen Ausflugsschiffe an. Gut Steinwehr ist auch Himbeerhof. Auf den Ländereien werden außerdem Erdbeeren, Johannisbeeren, Brombeeren und Kirschen angebaut. Die Steinwehr'sche Landwirtschaft ist wichtiger Obstproduzent der Region. Viele kommen zum Selberpflücken und Naschen. Ein Frühjahrs- und ein Adventsmarkt gehören auch hier zum Marketing-Konzept.

Adresse Steinwehr 20, 24796 Steinwehr/Bovenau, Tel. 04357/241 (Gutsverwalter) | **Anfahrt** von der A 210 (Ausfahrt Bredenbeck) auf der Kieler Straße nach Bovenau, Richtung Sehestedt, nach einem Kilometer links in die Straße Steinwehr | **Öffnungs-zeiten** der Plantagen, des Hofladens und des Cafés unter www.himbeerhof.de | **Tipp** Wenige hundert Meter nach Südwesten den Kanaluferweg entlang: die Weiche Rade. Hier parken Schiffe, wenn andere entgegenkommen.

103 Die Mühle am Honigfleth

Wasser schöpfen mit Archimedes

So fruchtbar war die Wilstermarsch nicht immer. Lange Zeit standen im eingedeichten »Land unter dem Meeresspiegel« große Flächen unter Wasser. Nur als Grünland ließen sich die Äcker nutzen. Mit einem engmaschigen Entwässerungssystem haben die Bauern Abhilfe geschaffen. Aus den von Hand angelegten Gräben, die wie ein Gitterraster das Land durchziehen, wird das Wasser in die höher gelegenen sogenannten Wettern geschöpft, die es dann in die Flüsse Wilsterau, Stör oder Elbe spülen. Schöpfmühlen, vom Wind angetrieben, übernahmen früher diese Arbeit. Aber die ersten, mit Schaufelrädern ausgerüstet, waren nicht effektiv genug. Die Hälfte des Wassers floss wieder zurück.

Dafür, dass heute in der Wilstermarsch doch Gemüse und Sommergetreide angebaut werden können, sei dem Zimmermannsmeister Johann Holler aus Hodorf und Archimedes von Syrakus gedankt. Dem griechischen Mathematiker und Ingenieur dafür, dass er vor über 2.200 Jahren das Prinzip der Schneckenschraube erfand. Und dem Zimmerer dafür, dass er nach beruflichen Lehrjahren in Holland, wo man mit der Schnecke schon länger die Polder entwässerte, zurück in seine Heimat fand. Hier konnte er die archimedische Schraube gut einsetzen. Dabei wird eine Spirale, die um eine Welle gewickelt ist, passgenau in einen zylindrischen Körper, eine Röhre, gezwängt. Treibt man die Schnecke nun an, transportiert sie unaufhörlich das Wasser nach oben. Johann Holler hat viele Schöpfmühlen mit Wasserschnecken gebaut.

350 haben einmal in der Wilstermarsch gestanden. Die am Honigfleth ist die einzige, die übrig geblieben ist. Stand der Wind gut, wurden Segel auf die Flügel gespannt, und die Mühle trieb die 7,40 Meter lange Wasserschnecke an. 35 Liter wurden in einer Sekunde in die zwei Meter oberhalb gelegene Wetter »gemahlen«.

Adresse Honigfleth, 25554 Stördorf, Tel. 0162/1715053 (Mühlenwart Wolfgang Möller) | **Anfahrt** von der B 5 über Mühlenstraße, Rathausstraße und Klosterhof nach Wilster, rechts in die Straße Steindamm bis zum Honigfleth, kurzer Fußweg | **Öffnungszeiten** ganzjährig, Besichtigungen anmelden beim Mühlenwart | **Tipp** Noch 265 Jahre älter als die Mühle ist das Alte Rathaus in Wilster, ein Renaissancebau von 1585 (Op de Göten 8).

104__Die Russengräber

In Würde ruhen sie fern der Heimat

Timofiej Tschernischenko, Iwan Matwiejew, Wassilij Swiedzon, Grigoij Krutschinin und 52 weitere Namen. Geschnitzt in hölzerne Tafeln, vor einer Hecke weißen Rhododendrons aufgestellt. In jedem Dorf gibt es sie: Gedenksteine und Gedenktafeln für die im Ersten und Zweiten Weltkrieg gefallenen oder in Gefangenenlagern gestorbenen deutschen Soldaten, die Kriegerdenkmäler. Hier kann man trauern um die, die nicht mehr zurückgekommen sind. Aber in denselben Gemeinden starben oft die Gefangenen anderer Länder, viele wurden lieblos verscharrt. Ihnen ein Andenken zu setzen, dessen befand man sie nicht würdig. In Süderrade ist das anders. Hier gibt man toten Russen ihre Würde zurück.

Im Nachbarort Osterrade richtet man im März 1915 ein Arbeitslager für tausend russische Kriegsgefangene ein. Die Lebensbedingungen sind grausam. Sie sollen im Offenbütteler Moor eine Fläche von 400 Hektar, groß wie 560 Fußballplätze, kultivieren. In nur einem Jahr müssen sie das schaffen. Dann soll dort Ackerbau betrieben werden, um die Bevölkerung besser zu versorgen.

Schon in den ersten Wochen sterben 83 Gefangene, die meisten am Fleckfieber. Die ersten 28 Toten werden auf dem Friedhof in Albersdorf beigesetzt. Für die nächsten stellt die Gemeinde Süderrade ein Grundstück in der Nähe des Lagers zur Verfügung. Die Kameraden der Toten gestalten den Friedhof in der noch heutigen Form. Für sie ist es wichtig, eine würdige Begräbnisstelle zu schaffen für die, die nicht in der Heimat begraben werden können. Am Dörpswischweg reihen sich die Gräber aneinander.

Das Lager löst man im Oktober 1916 auf. Hundert Hektar sind bis dahin kultiviert, die Kriegsgefangenen werden jetzt dringender in der Industrie gebraucht. Vor einigen Jahren hat man die russisch-orthodoxen Holzkreuze erneuert. Mit Ketten, an ebenfalls orthodoxen Kreuzen verankert, ist die Gedenkstätte umspannt. Sie ist sehr gepflegt.

Adresse Dörpswischweg, 25767 Osterrade-Süderrade | **Anfahrt** von der B 203 in Wrohm Richtung Osterrade, in Süderrade links in den Dörpswischweg | **Öffnungszeiten** ganzjährig | **Tipp** Ein Denkmal für die gefallenen deutschen Soldaten steht an der Albersdorfer Straße, kurz hinterm Ortsausgang Süderrade Richtung Albersdorf.

105__Der Alexandra-Stein

Wo die Sängerin ums Leben kam – mit 27 Jahren

Noch immer wird sie verehrt. Noch immer bringt jemand gelegentlich Blumen, zündet ein Grablicht am Gedenkstein an. Der ist nicht vermoost, ist gepflegt. An dieser Stelle ist die Sängerin Alexandra ums Leben gekommen. Ihre tiefe, rauchige Stimme, die Stimme der Sehnsucht, haben viele immer noch im Ohr. »Mein Freund der Baum« oder »Zigeunerjunge« sind ihre bekanntesten Lieder.

Es passiert am Nachmittag des 31. Juli 1969. Alexandra, physisch und psychisch am Ende, will eine Auszeit auf Sylt. Sie ist nachts mit dem Autoreisezug von München nach Hamburg gefahren, verhandelt mit ihrer Plattenfirma. Dann geht es mit dem elfenbeinfarbenen Mercedes-Coupé, ihrem ersten eigenen Auto, 120 PS, weiter auf die Insel. Sie nimmt die Landstraße 149. In Tellingstedt beachtet sie an der Kreuzung mit der Bundesstraße das Stoppschild nicht. Ein Lastwagen, mit 30 Tonnen Gehwegplatten beladen, kracht in die rechte Seite des Wagens, schiebt ihn 20 Meter weit. Alexandra, 27 Jahre alt, ist sofort tot. Ihre Mutter Valeska Treitz, die auf dem Beifahrersitz saß, stirbt im Krankenhaus. Der Sohn hat auf der Rückbank geschlafen und überlebt leicht verletzt.

Über Alexandras Tod wird wild spekuliert. Waren Drogen im Spiel? War es Selbstmord? Sie hat gerade herausbekommen, dass ihr Verlobter schon in Dänemark verheiratet ist. Sie hat erst im Januar ihren Vater erfroren in der Wohnung gefunden. Sie hat kurz vor der Reise ihr Testament geändert und für zwei Jahre das Internatsgeld für den Sohn im Voraus gezahlt. Waren die Bremsen manipuliert? Sogar der russische Geheimdienst wird verdächtigt.

Fakt ist: An dieser Kreuzung, unübersichtlich, hat es viele tödliche Unfälle gegeben. Ihr Manager sagt: »Ihr Fahrstil war so gefährlich, dass ich ausstieg, weil ich Angst bekam.« Die Kreuzung ist inzwischen entschärft, die Landstraße auf eine Brücke gehoben. Vor Alexandras Stein steht eine Bank, um zu gedenken. Alexandras Grab ist auf dem Münchner Westfriedhof.

Adresse Albersdorfer Straße / Ecke B 203, 25782 Tellingstedt | **Anfahrt** von der B 203 in die Bahnhofstraße, am Ende rechts über die Kreuzung in die Albersdorfer Straße, über den Fußweg bis zur B 203 | **Tipp** Tellingstedt war 300 Jahre lang Töpferdorf. 17 Töpfereien hat es gegeben. 1999 schloss die letzte. In der Biegung der Töpferstraße (Verlängerung der Bahnhofstraße) hat man den Kunsthandwerkern ein Denkmal gesetzt.

106 Helmut Schmidts Orgel

Er spielte gerne auf dem Barock-Instrument

»Schmidt-Schnauze« hat es geliebt, »wenn alle Register seiner Rhetorik in einem tosenden Crescendo zusammenklingen«, hat der »Spiegel« vor mehr als 50 Jahren geschrieben. Von Helmut Schmidt ist auch bekannt, dass er das Volk gerne nach seiner Pfeife um die Dorfkirche tanzen ließ. Aber in der Kirche Sankt Martin zog der große Staatsmann und passionierte Klavier- und Orgelspieler nicht alle Register. Ihn störte das mechanische Geräusch, das bei einer mit vollem Werk gespielten Orgel die Musik begleitet. Ihm imponierte aber der einzigartige Klang dieses Instruments, wenn man es behutsamer anfasste, die älteste funktionierende Barockorgel Norddeutschlands. Wenn der Altbundeskanzler privat in Tellingstedt war, hat er gerne auf der Orgel gespielt. Man sagt, manchmal kam er nur ihretwegen. Am liebsten intonierte er Stücke von Johann Sebastian Bach. Gerne auch »Canon und Gigue« des Bach-Vorgängers Johann Pachelbel. Früh wünschte er sich, dass man dieses Stück auch einmal bei der Trauerfeier für ihn spiele.

Schon als Jugendlicher lernte Schmidt auf der Orgel zu spielen. Als 17-Jähriger komponierte er vierstimmige Sätze zu Kirchenliedern. Als Verteidigungsminister rief er die Big Band der Bundeswehr ins Leben. Der Kanzler Schmidt nahm 1982 eine CD auf, Mozart – zusammen mit den Londoner Philharmonikern, dem Pianisten Justus Frantz, dem Dirigenten Christoph Eschenbach. Selbst Großkritiker Joachim Kaiser war zufrieden: »Der Kanzler bewältigt Mozarts Sechzehntel, er hat den Rhythmus verstanden und die Harmonie des Ganzen erfasst.« Zuletzt, mit 96, konnte Schmidt Konzerte nur noch sehen. Er war fast taub.

Die Tellingstedter Orgel hat der Orgelbaumeister Tobias Brunner 1642 für die Kirche gebaut. Das Instrument in der Schlosskirche in Dresden war sein Vorbild. Zuletzt hat man die Orgel 1999 restauriert und ergänzt. 1.100 Pfeifen hat sie jetzt. Gespielt wird sie vor allem bei bewegenden Gottesdiensten.

Adresse Kirchplatz 12, 25782 Tellingstedt, Tel. 04838/385 (Kirchenbüro) | **Anfahrt** von der B 203 in die Hamburger Straße, links in die Hauptstraße bis zum Kirchplatz | **Öffnungszeiten** Mai – Sept. 8 – 17 Uhr, Okt. – April nach Vereinbarung und zu den Gottesdiensten | **Tipp** Markant ist der schiefe Kirchturm. Weil er schwere Glocken nicht tragen kann, hat man einen hölzernen Turm neben die Kirche gesetzt.

107___Der Wacken-Store

Hier gibt's, was Heavy-Metal-Fans brauchen

Wer nach Wacken kommt, muss ausgerüstet sein. Nicht nur mit Met in Dosen, das gibt's beim Kaufmann. Man braucht einen Wacken-Lederhut, eine Wacken-Weste, ein Muskel-Shirt für die Herren und ein Tanktop für die Damen in Schwarz, Grau oder Weiß. »W:O:A« prangt auf der Brust, das steht für Wacken Open Air. Für den Wacken-Nachwuchs gibt's im Wacken-Store den W:O:A-Babybody, man kann einen W:O:A-Kreditkartenhalter haben, im Winter den W:O:A-Schokoweihnachtsmann und den W:O:A-Schal. »Faster, harder«, steht drauf. Der W:O:A-Rinderschädel ist für die Deko daheim. Ab 9,90 Euro. Wofür wohl mag der schwarze Eimer mit dem Wacken-Logo sein?

Sogar W:O:A-Ohrenstöpsel werden angeboten. Für die Empfindsamen beim größten Heavy-Metal-Festival der Welt. Dabei: Eigentlich kommt man doch, weil es vor allem laut ist. Mehr als ein Viertel der Besucher reist über 700 Kilometer weit an. »Wackeeeeen«, grölen sie und grüßen mit der Pommesgabel, dem Wacken-Gruß. Gestreckter Zeigefinger und kleiner Finger. 80.000 »Metalheads« stellen drei Tage lang das 1.800-Einwohner-Dorf auf den Kopf, und die Einheimischen feiern begeistert mit. 40 Kilometer Bauzaun begrenzen das Gelände, 500 Duschen stehen zur Verfügung. Die Wackener Blasmusikkapelle eröffnet traditionell das Fest. Dann geht die Post ab auf der Black Stage und der True Metal Stage, den beiden wichtigsten der acht Bühnen. Krach ist garantiert, man hat Hoffnung auf Sonne von oben, und meistens gibt es viel Matsch von unten.

Damit soll jetzt Schluss sein im Metal-Mekka. Die Ansage: Metal ohne Matsch. »Wir sind an die Grenzen dessen gekommen, was wir unserem Holy Wacken Land und den Besuchern zumuten können und wollen«, sagen die Organisatoren. Planierraupen wummerten über die Kuhwiesen, sie haben Senken geglättet, und es wurden Drainagen verlegt. Vorbei mit dem Schlittercontest im Sumpfland und matschverschmierten Selfies? Fast spießig.

Adresse Hauptstraße 82, 25596 Wacken, Tel. 04827/99966999 | **Anfahrt** von der B 430 nach Nienbüttel und Wacken, rechts in die Hauptstraße | **Öffnungszeiten** Di 14–18 Uhr, Mi–Fr 9–12 und 14–18 Uhr, Sa 9–14 Uhr | **Tipp** Statt Dosenbier Glühwein und kollektives Bibbern statt stickiger Hitze: Seit Februar 2017 gibt's zusätzlich die »Wacken Winter Nights« mit Feuershow.

108__Der Westensee

Badespaß und Gutshäuser zum Staunen

Die Feldsteinkirche Sankt Catharinen im Dorf Westensee erzählt davon, was das Leben in der Region über Jahrhunderte prägte. Die Vorbauten an den Außenmauern sind ehemalige Grabkapellen von Adelsfamilien. Die Grabplatten rechts vom Eingang haben einst ihre Grüfte im Boden bedeckt. Im Kirchenschiff fünf Logen, den Familien der Herrenhäuser vorbehalten, die sich um den See verteilen. Gut Bossee. Gut Deutsch-Nienhof. Gut Emkendorf. Gut Schierensee, eher ein Palast. Gut Westensee. Globale Verflechtungen hat es auch damals schon gegeben. Die Herren auf Schierensee hatten Kontakte nach Russland, die auf Emkendorf bis in die Karibik. Die Äcker und Wälder um die Güter wurden von Leibeigenen bewirtschaftet. Das endete erst 1805. Das Taufbecken aus der Entstehungszeit der Kirche war lange Blumenkübel im Emkendorfer Park. Gut Schierensee war später Landsitz des Zeitungsverlegers Axel Springer. Queen Elizabeth II. hat er hier empfangen. Heute ist das Gut Stiftungsbesitz des Brillenkönigs Günther Fielmann am Großen Schierensee, der mit dem Westensee verbunden ist. Die neuen Eigentümer der Güter betreiben sehr aufwendig deren Erhaltung. Tickets für Konzerte in der Scheune von Gut Schierensee sind begehrt.

Durch den Westensee, umrahmt von sanften Hügeln, Wiesen und Mooren, fließt die Eider, die den See in den Nord-Ostsee-Kanal entwässert. Der See ist der fünftgrößte in Schleswig-Holstein, als Freizeitgewässer beliebt. Vier Badestellen sind angelegt, Motorboote verboten. Ein Wanderweg führt zur Kuppe der Erhebung Tüteberg, 88 Meter hoch. Man hat einen Blick über die Seenlandschaft des Naturparks Westensee, zu den Hüttener Bergen auf der anderen Seite des Kanals, bis nach Kiel und zum Ostseebad Laboe.

Als man den Nord-Ostsee-Kanal baute, fiel der Wasserspiegel des Sees um 75 Zentimeter. Die alte Uferkante ist noch erkennbar. Tabuzone ist das Ostufer. Seeadler brüten hier.

Adresse Dorfstraße, 24259 Westensee | **Anfahrt** von der A 210 (Ausfahrt Achterwehr) Richtung Achterwehr, an der Tankstelle rechts Richtung Felde, geradeaus über die Straße Bosseer Schoor nach Westensee | **Tipp** Hase, Wildente, Fasan, Reh und Co: Der Hofladen von Gut Bossee verkauft Wild aus den Wäldern um den Westensee (Tel. 04305/991993, Öffnungszeiten Sa 11–14 Uhr).

109__Das Naturfreibad

Schwimmen zwischen Seerosen

Baden ohne Chlor und brennende Augen. In der warmen Jahreszeit Wassertemperaturen um die 20 Grad, von der Sonne angeheizt. Becken für Schwimmer und Nichtschwimmer, für die Kleinsten ein Babybecken mit aufgeschüttetem Sandstrand. Ein Dreimeterturm und ein Einmeterbrett. Großzügige Liegewiese unter schattenspendenden Bäumen. Gepflegte sanitäre Anlagen und ein Kiosk. Mehr kann ein Freibad nicht bieten? Doch! Im Naturfreibad Westerrönfeld schwimmt man zwischen Seerosen. Der Eintritt ist frei. Obendrauf gibt's eine ständig wechselnde Kulisse: Containerschiffe, Traumschiffe, Tanker ziehen im Kanal vorbei, in unmittelbarer Nähe des Bads.

Die Westerrönfelder und die Rendsburger haben ihr schönes Naturfreibad dem Tunnel unter dem Kanal zu verdanken. Die Schwenkbrücke, die Westerrönfeld und Rendsburg verbindet, wird irgendwann zum Engpass. Pendler stehen lange im Stau, wenn die Brücke zur Seite gefahren und für die Schiffe geöffnet ist. Kapitäne und Reedereien vor allem ärgern sich über die Wartezeiten, wenn der Auto- und Fußgängerverkehr Vorfahrt hat. Man beschließt, den Tunnel zu bauen, durch den heute die B 77 vierspurig geführt wird. Am 25. Juli 1961 wird er eröffnet. Am selben Tag wird die Drehbrücke stillgelegt.

Das Tunnelmittelstück mit einer Länge von 140 Metern hat man vorher in einer Grube auf der Südseite des Kanals gebaut. Man schiebt es schwimmend in Position und senkt es in eine im Kanalgrund gebaggerte Rinne ab. Dafür wird der Kanal nur 70 Stunden lang für den Schiffsverkehr gesperrt – eine logistische Glanzleistung. Neun Meter unter der Sohle des Kanals wird das Teilstück verbaut. Zurück bleibt die Grube am Ufer. Was tun damit? Zuschütten und bebauen? Durchsetzen können sich die, die für einen höheren Erholungswert plädieren. Die Grube wird geflutet, die Ufer werden befestigt, das ganze Areal herausgeputzt. Seither hat Westerrönfeld das Naturfreibad.

Adresse Meesdiek, 24784 Westerrönfeld | **Anfahrt** von der B 202 in die Itzehoer Chaussee, links in den Marienweg bis zum Meesdiek, Parkplatz auf der linken Seite | **Öffnungszeiten** in den warmen Monaten Mo – Fr 13 – 20 Uhr, Sa, So 13 – 19 Uhr, in den Ferien Mo – Fr 10 – 20 Uhr, Sa, So 10 – 19 Uhr | **Tipp** Die Region Rendsburg hatte eine starke jüdische Gemeinde. Die meisten Gläubigen wurden ermordet. Den jüdischen Friedhof in Westerrönfeld hat man schon 1695 angelegt (von der Itzehoer Chaussee in die Straße Am Judenfriedhof).

110— Das Materialienhaus
Es war Speicher, Stall und Kirche

Der Giebel des Hauses fällt auf. Sieben Bögen, aus Ziegeln gemauert, zurückversetzt, fünf mit glasierten Formsteinen. Architekten sprechen von einem gotischen Blendnischengiebel. Er war einmal die Zierde der Kirche von Wöhrden, gebaut wurde sie 1319. Man hat sie aber 1777 wegen Einsturzgefahr schließen und später niederreißen müssen (siehe Ort 111). Den Giebel konnte man umsetzen und so erhalten. In den Querbalken über der Tür drei Jahreszahlen: 1519, 1788 und 1929.

Das sogenannte Materialienhaus ist das älteste Haus in Dithmarschen. 1519 wurde es aus Eichenfachwerk mit Reetdach als Spieker, Speicher, gebaut. Leinen, Flachs, Hopfen, Honig, Öl und Saatgut wurden gelagert. Schon das allein ist eine Besonderheit. Sonst gab es damals in der Region nur das sogenannte Einhaus: Menschen, Tiere und der Vorrat unter einem Dach. Von separaten Speichern ist nichts bekannt. Das Materialienhaus muss also ein besonders reicher Bauer errichtet haben.

Als die Kirche zu baufällig wird, verkauft der damalige Eigentümer Johann Karstens den Speicher, den er als Stall nutzt, für 560 Reichstaler an den Bischof. Das Haus wird von 11 auf 17 Meter verlängert und dient nun als Notkirche. Der alte Giebel der Kirche wird eingebaut. Die Eingangstür bekommt einen Rundbalken, ähnlich dem Portal eines Gotteshauses. »ICK WILL JU EEN NIE HERTE UNDE EENEN NIEN GEIST IN JU GEVEN« ist noch heute darin eingestanzt, »Ich will Euch ein neues Herz und einen neuen Geist in Euch geben«. 1788, die neue Kirche ist gerade fertig geworden, wird das Haus Opfer eines Feuersturms, wird aber wiederaufgebaut.

»Wöhrdener Waterbörs 1929«, ist auch zu lesen. Man traf sich abends mit Nachbarn, es wurde geraucht, aber nur Wasser getrunken. Später war das Materialienhaus Spritzenhaus der Feuerwehr, Jugendherberge, Treffpunkt der Hitlerjugend, Flüchtlingsunterkunft. Liebevoll restauriert, ist es jetzt Wohnhaus.

Adresse Hafenstraße 17, 25797 Wöhrden | **Anfahrt** von der B 203 in die Nixdorf Allee und die Straße Schwarzer Weg, rechts und wieder links in die Materialienstraße bis zum Ende, an der Ecke Hafenstraße | **Tipp** Gleich nebenan steht das Haus Peters (Hafenstraße 15) von 1778. Besonders schön ist die Rokoko-Tür.

111 Der Taufengel

Es ist ein Mädchen!

Sankt Nicolai ist anders. Von außen lässt sich die Kirche nicht anmerken, wie wirkungsvoll sie im Inneren ausgestattet ist. Eine spätbarocke Schönheit hinter schlichtem Backsteingemäuer. Lichtdurchflutet mit Emporen und Logen. Weiß und mildes Grau dominieren bei den Farben, Akzente setzen ein Mintgrün und mit Blattgold belegte Stuckrosetten. Die Kanzel ist hier nicht links oder rechts vom Chorraum angeordnet, wie man es aus den meisten Kirchen kennt. Die Kanzel ist Teil des Altars, direkt über ihm angebracht. Ein dominierendes Kreuz ist in Sankt Nicolai nicht zu finden. Ein Taufbecken auch nicht.

Ein Engel beansprucht alle Aufmerksamkeit. An einer Metallstange im Gewölbe aufgehängt, schwebt er fast in der Horizontalen über den Stufen zum Altar. Er ist in ein knöchellanges weißes Gewand gekleidet, hat silberne Flügel und langes Haar mit Stirnschmuck. In seinen Händen trägt er einen goldenen Kranz. Ein Griff verrät, mit welchem Auftrag der Engel hier schwebt. Man kann die Holzschnitzarbeit daran nach unten ziehen. Der Engel ist als Taufengel unterwegs. In Sankt Nicolai erschreckt kein Wasser den neuen Erdenbürger, der Engel strahlt ihn an bei der Zeremonie. Die meisten Engel sind ja doch eher androgyne Wesen. Hier hat sich der Künstler Hans Holtmeyer entschieden: Der Engel ist ein Mädchen! Gut genährt.

In den Kirchen lutherischer Christen waren Taufengel nicht selten. Es sind nur noch sehr wenige übrig geblieben. Der Wöhrdener Engel fliegt seit 1788, als man die neue Kirche gesegnet hat. Anderes Inventar stammt noch aus der Vorgängerkirche. Das Alabasterrelief. Der Kronleuchter. Teile der Orgel, die der Orgelbaumeister Anthonius Wilde 1593 geschaffen hat. Sie wurde immer wieder restauriert und erweitert und gilt als eine der wertvollsten bespielbaren historischen Orgeln Europas. Der Klang aus 2.252 Orgelpfeifen lässt selbst Ungläubige ehrfürchtig werden.

Adresse Ringstraße, 25797 Wöhrden, Tel. 04839/248 (Kirchenbüro) | **Anfahrt** von der B 203 in die Nixdorf Allee, rechts und gleich links in die Westerstraße bis zur Ringstraße | **Öffnungszeiten** März–Okt. täglich 9–18 Uhr, Nov.–Feb. den Schlüssel ausleihen im Dörpsloden gegenüber | **Tipp** Die Ringstraße um die Kirche war ursprünglich mit 40.000 Klinkern gepflastert. Dann kam Asphalt darüber. Ein Teilstück an der Kirchhofmauer ist aber erhalten.

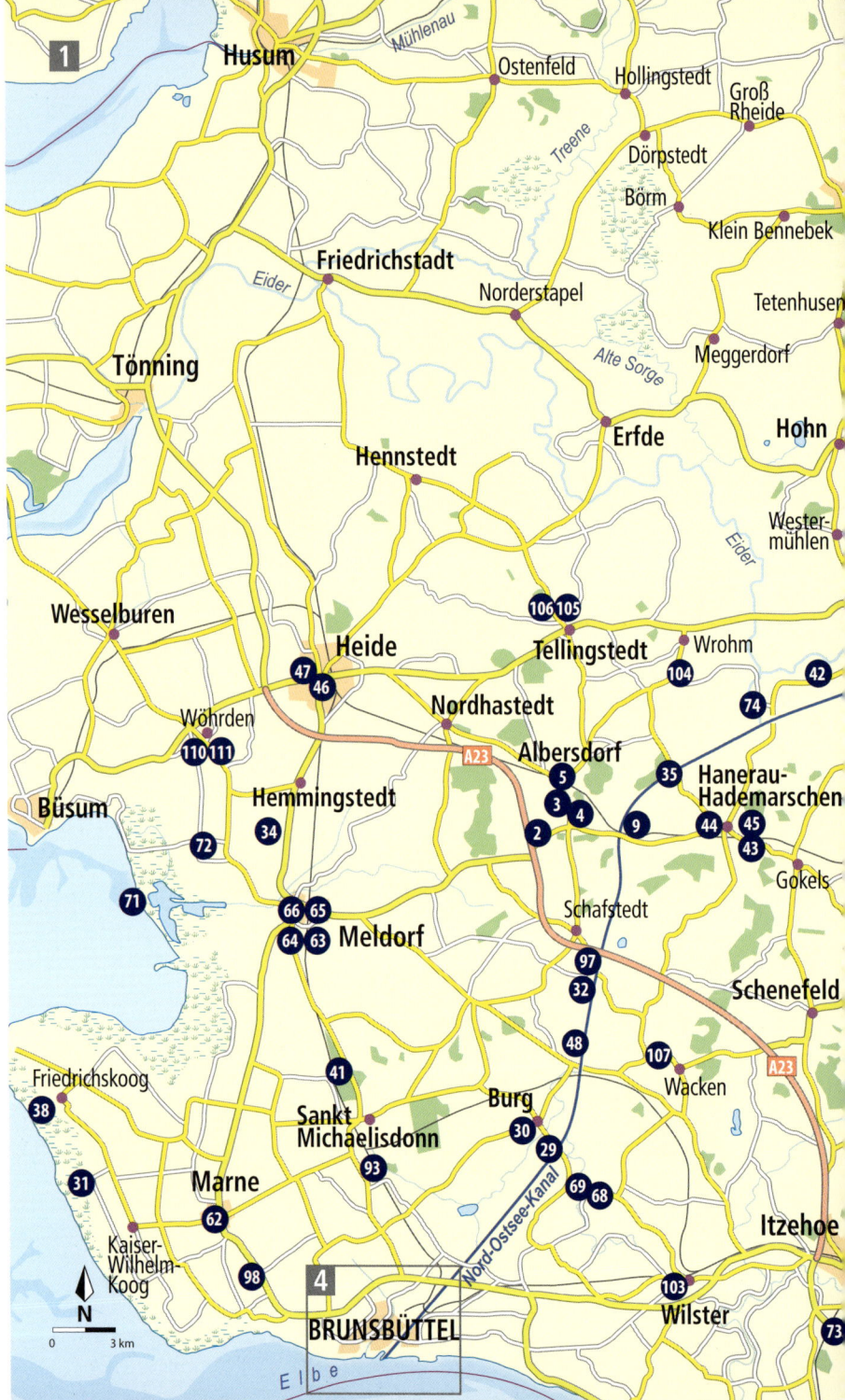

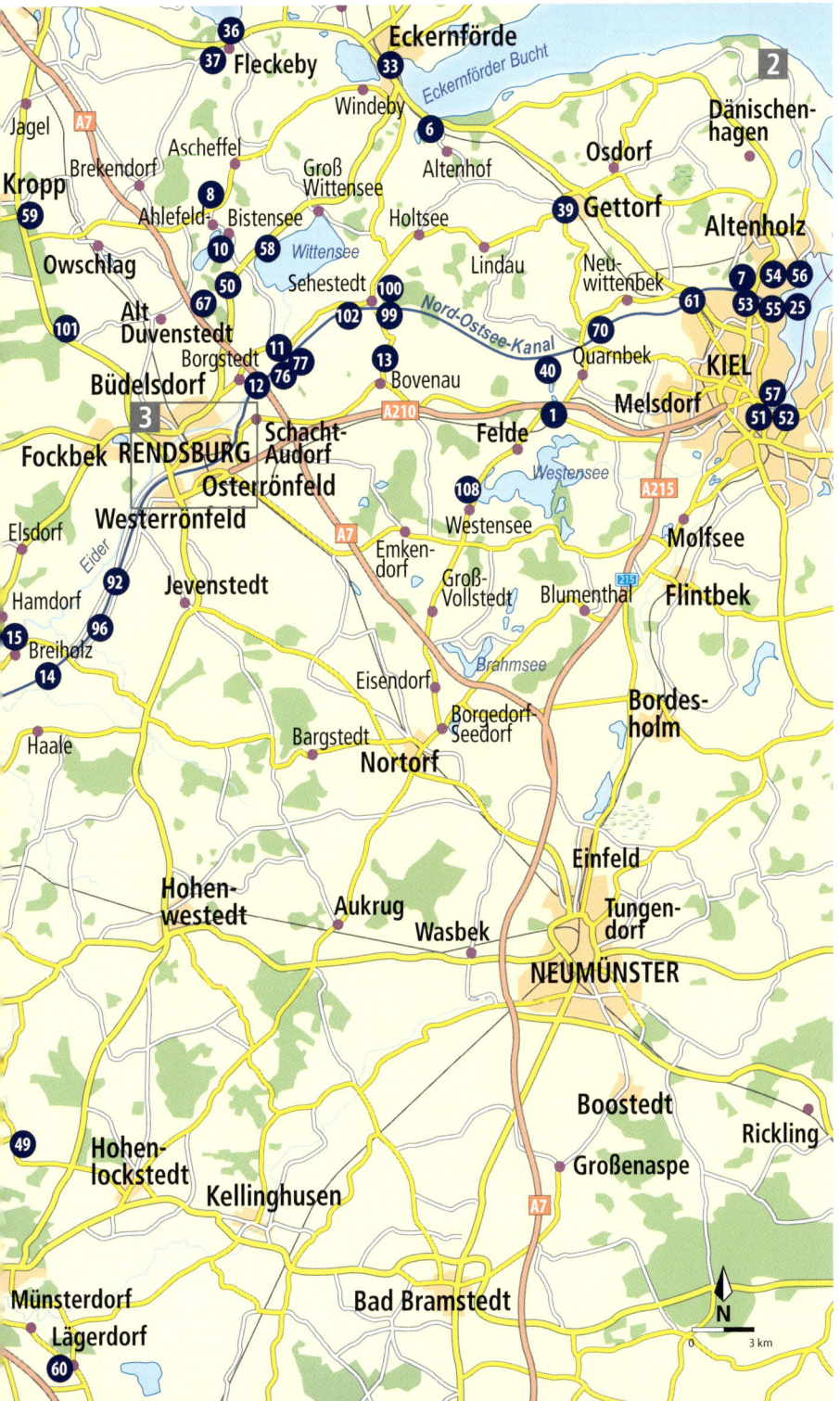

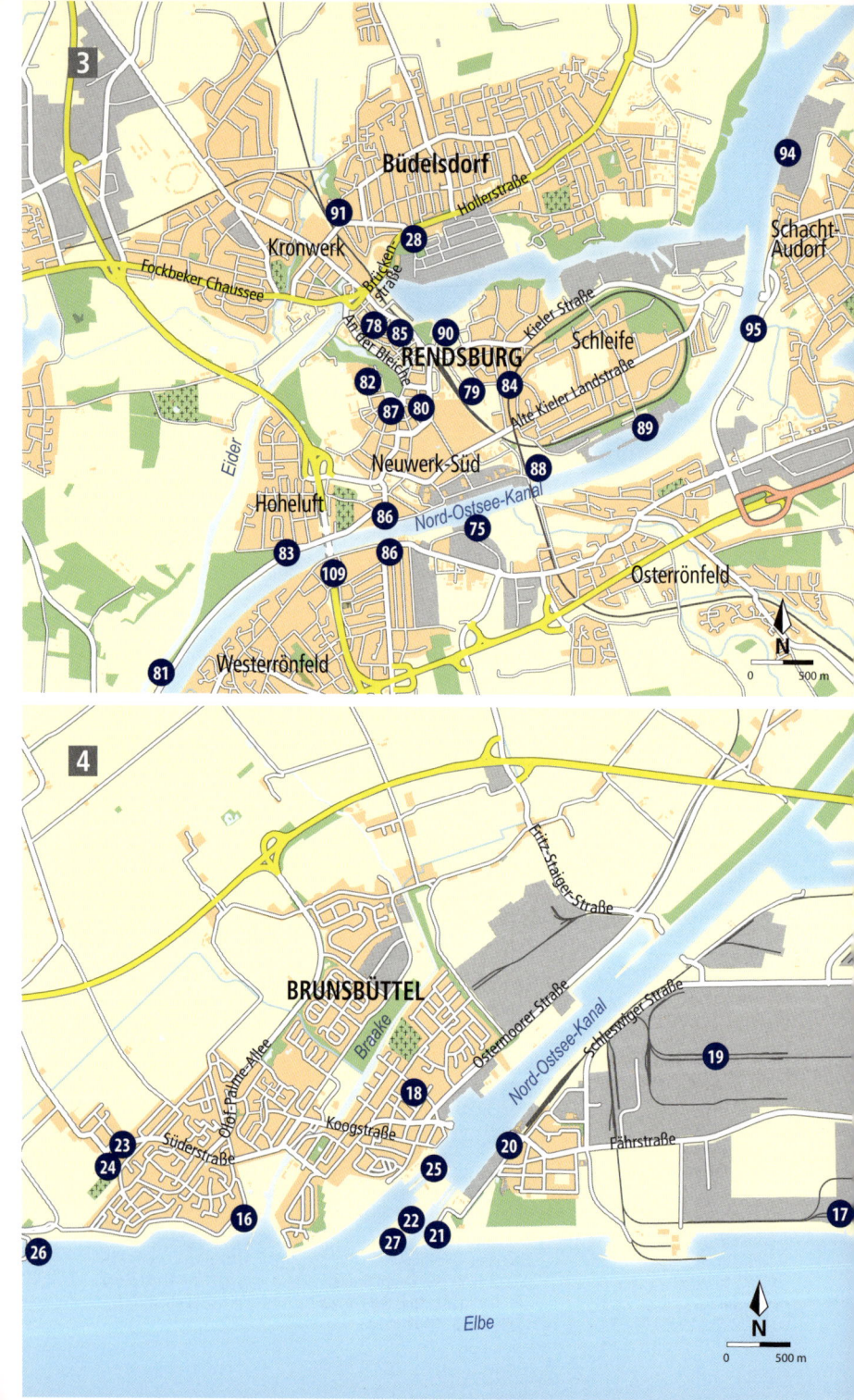

Dorothee Fleischmann,
Carolina Kalvelage
**111 Orte in Budapest, die
man gesehen haben muss**
ISBN 978-3-95451-744-2

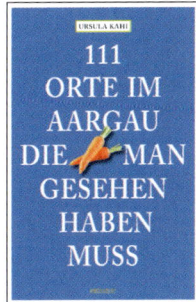

Ursula Kahl
**111 Orte im Aargau, die
man gesehen haben muss**
ISBN 978-3-95451-537-0

Christian Löhden
**111 Orte in Graubünden, die
man gesehen haben muss**
ISBN 978-3-95451-514-1

Oliver Schröter, Falk Saalbach
**111 Orte in Zürich, die man
gesehen haben muss**
ISBN 978-3-95451-538-7

Cornelia Lohs
**111 Orte in Bern, die man
gesehen haben muss**
ISBN 978-3-95451-669-8

Giulia Castelli Gattinara,
Mario Verin
**111 Orte in Mailand, die
man gesehen haben muss**
ISBN 978-3-95451-617-9

Cornelia Ziegler,
Chris Sindermann
**111 Orte auf Kreta, die
man gesehen haben muss**
ISBN 978-3-95451-540-0

Dorothee Fleischmann,
Carolina Kalvelage
**111 Orte an der Costa Brava,
die man gesehen haben muss**
ISBN 978-3-95451-561-5

Jo-Anne Elikann
**111 Orte in New York, die
man gesehen haben muss**
ISBN 978-3-95451-512-7

Ralf Nestmeyer
**111 Orte an der Côte d'Azur,
die man gesehen haben
muss**
ISBN 978-3-95451-563-9

Uwe Ramlow
**111 Orte im Tessin, die man
gesehen haben muss**
ISBN 978-3-95451-840-1

Marion Rapp
**111 Schätze der Natur rund
um den Bodensee, die man
gesehen haben muss**
ISBN 978-3-95451-619-3

Gerd Wolfgang Sievers
**111 Orte in Venedig, die
man gesehen haben muss**
ISBN 978-3-95451-352-9

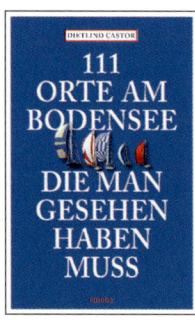

Dietlind Castor
**111 Orte am Bodensee, die
man gesehen haben muss**
ISBN 978-3-95451-063-4

Petra Sophia Zimmermann
**111 Orte am Gardasee und
in Verona, die man gesehen
haben muss**
ISBN 978-3-95451-344-4

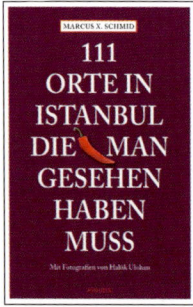

Marcus X. Schmid,
Halûk Uluhan
**111 Orte in Istanbul, die
man gesehen haben muss**
ISBN 978-3-95451-333-8

Christiane Bröcker,
Babette Schröder
**111 Orte in Stockholm, die
man gesehen haben muss**
ISBN 978-3-95451-203-4

Marcus X. Schmid,
Michel Riethmann
**111 Orte in Luzern und rund
um den Vierwaldstättersee,
die man gesehen haben muss**
ISBN 978-3-95451-917-0

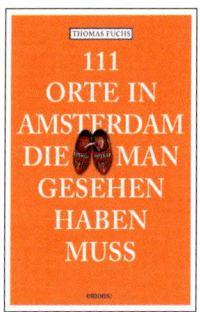

Thomas Fuchs
111 Orte in Amsterdam, die man gesehen haben muss
ISBN 978-3-95451-209-6

Annett Klingner
111 Orte in Rom, die man gesehen haben muss
ISBN 978-3-95451-219-5

John Sykes, Birgit Weber
111 Orte in London, die man gesehen haben muss
ISBN 978-3-95451-117-4

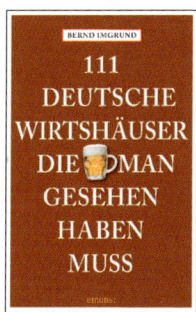

Bernd Imgrund
111 deutsche Wirtshäuser, die man gesehen haben muss
ISBN 978-3-95451-080-1

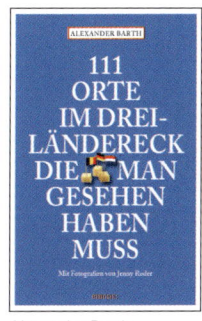

Alexander Barth, Jenny Roder
111 Orte im Dreiländereck, die man gesehen haben muss
ISBN 978-3-95451-316-1

Gerald Polzer, Stefan Spath
111 Orte in Graz, die man gesehen haben muss
ISBN 978-3-95451-466-3

Stefan Spath
111 Orte in Salzburg, die man gesehen haben muss
ISBN 978-3-95451-114-3

Barbara Krull
111 Orte im Elsass, die man gesehen haben muss
ISBN 978-3-95451-596-7

Peter Eickhoff, Karl Haimel
111 Orte in Wien, die man gesehen haben muss
ISBN 978-3-89705-969-6

Rike Wolf
111 Orte in Hamburg, die man gesehen haben muss
ISBN 978-3-89705-916-0

Rüdiger Liedtke
111 Orte auf Mallorca, die man gesehen haben muss
ISBN 978-3-89705-975-7

Lucia Jay von Seldeneck, Verena Eidel, Carolin Huder
111 Orte in Berlin, die man gesehen haben muss
ISBN 978-3-89705-853-8

Rüdiger Liedtke
111 Orte in München, die man gesehen haben muss
ISBN 978-3-89705-892-7

Lucia Jay von Seldeneck, Verena Eidel, Carolin Huder
111 Orte in Berlin, die man gesehen haben muss
Band 2
ISBN 978-3-95451-207-2

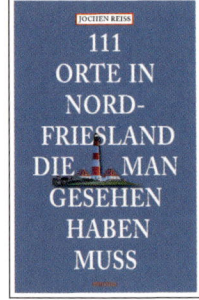

Jochen Reiss
111 Orte in Nordfriesland, die man gesehen haben muss
ISBN 978-3-95451-627-8

Bernd Imgrund, Britta Schmitz
111 Kölner Orte, die man gesehen haben muss
Band 1
ISBN 978-3-89705-618-3

Bernd Imgrund, Britta Schmitz
111 Kölner Orte, die man gesehen haben muss
Band 2
ISBN 978-3-89705-695-4

Mercedes Korzeniowski-Kneule
111 Orte in Basel, die man gesehen haben muss
ISBN 978-3-95451-702-2

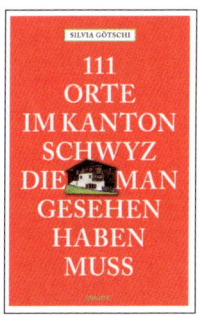

Silvia Götschi
111 Orte im Kanton Schwyz, die man gesehen haben muss
ISBN 978-3-7408-0116-8

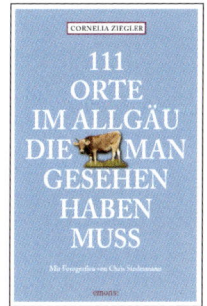

Cornelia Ziegler
111 Orte im Allgäu, die man gesehen haben muss
ISBN 978-3-95451-343-7

Kirsten Elsner-Schichor, Rainer Bodemer
111 Orte in Karlsruhe, die man gesehen haben muss
ISBN 978-3-95451-593-6

Jochen Reiss
111 Orte im Fünfseenland, die man gesehen haben muss
ISBN 978-3-95451-851-7

Jochen Reiss
111 Orte in Kiel, die man gesehen haben muss
ISBN 978-3-95451-705-3

Alexander Barth, Eckhard Heck
111 Orte in Aachen und der Euregio, die man gesehen haben muss
ISBN 978-3-89705-931-3

Lust auf mehr? Laden Sie sich die »LChoice«-App runter, scannen Sie den QR-Code und bestellen Sie weitere Bücher direkt in Ihrer Buchhandlung.

Der Autor

Jochen Reiss trainiert Medienprofis in Redaktionen und an Akademien in allen Stilformen und Spielarten des Journalismus. Er war Chefreporter und Stellvertreter des Chefredakteurs der Abendzeitung München. Seine letzten Buchveröffentlichungen: »111 Orte im Fünfseenland, die man gesehen haben muss«, »111 Orte in Kiel, die man gesehen haben muss« und »111 Orte in Nordfriesland, die man gesehen haben muss«.